KB107481

유럽 사상사 산책

이와타 야스오 지음
서수지 옮김

옥당

글을 시작하며

서양철학의 뿌리를 찾아 떠나는 여행

이 책은 유럽 사상의 본질을 이야기하기 위해 쓰였다. 유럽 사상은 그리스 사상과 히브리 신앙이라는 두 개의 주춧돌 위에 세워졌다. 2,000년에 걸쳐 화려하게 꽃을 피운 유럽 사상은 두 주춧돌을 축으로 삼아 깊이를 더하고 발전하거나, 반대 방향으로 나아가 다양한 형태로 화합하며 모양을 바꾸어왔다.

그렇다면 첫 번째 주춧돌인 그리스 사상의 본질은 무엇일까? 첫째, 그리스 사상은 인간의 자유와 평등에 대한 자각이다. 그리스인 역시 태곳적에는 왕권에 종속된 삶을 살았지만, 차츰 인간이 본래 자유롭고 평등한 존재라는 자각에 도달했다. 인권에 대한 자각에서 비롯된 민주주의를 실현하기 위한 노력은 오늘날에도 계속되고 있다. 민주주의는 그리스인이 창조한 인류 최고의 유산이며, 가장 이상적인 정치 형태라고 할 수 있다.

그리스 사상의 두 번째 본질은 이성주의理性主義(이성이나 논리적 타당성에 근거하여 사물을 인식하거나 판단하는 태도, 또는 사고방식_옮긴이)다. 다채롭게 변화하는 현상세계(현상계. 지각이나 감각으로 경험할 수 있는 경험의 세계_옮긴이)의 밑바탕에 깔려 있는, 변화를 아우르고 다스리는 고정불변의 법칙과 질서를 찾아내려는 자세가 바로 이성주의다. 이성주의는 세계를 신의 자의적인 지배와 주술의 속박에서 해방시켰다. 이성주의라는 사상의 뿌리에서 불변하는 궁극적 실체를 탐구하는 철학이 탄생했고, 자연의 인과관계에 따라 현상을 설명하는 과학이 태동했으며, 순수한 이론을 추구하는 수학이 태어났다. 그리스의 문학과 건축, 조각 등에는 불필요한 장식을 배제하고 본질적인 하나의 이념을 추구하는 이성주의의 각인이 아로새겨져 있다. 요컨대 세계를 법칙과 이념이 지배하는 질서의 세계로 파악하는 유럽 사상의 원류가 그리스 사상에서 출발한 셈이다.

이제 두 번째 주춧돌인 히브리 신앙의 본질을 살펴보자. 히브리 신앙은 유대교에서 시작되어 기독교라는 형태로 전 세계에 확산되었으며, 신앙의 기본은 으뜸이자 유일한, 천지만물의 창조주에 대한 믿음이다. 히브리 신앙은 기본적으로 우주의 어떠한 것도 신이 아니라는 사실을 내포하고 있다. 고대 세계에서 가장 발달한 문명을 이룩했다는 그리스인조차 해와 달을 신으로 여겨 숭배했지만, 〈창세기〉에서는 해와 달을 '광명체(빛나는 물체)'라고 부른다. 이른바 애니미즘animism(자연계의 모든 사물에는 영적 · 생명적인 것이 있으며, 자연계의 여러 현상도 그것의 작용으로 보는 세계관 또는 원시 신앙_옮긴이)의 부정이며, 이 세계에서 마신적魔神的 힘을 추방한 사상적 전환이다. 히브리 신앙의 유일신 사상은 훗날 유럽의 자연과학 성립에 정신적 배경으로 작용했다.

히브리 신앙의 또 다른 특징은 신이 '자신을 본뜬 모습'으로 인간을 창조했다는 것이다. 애초에 신은 왜 세계를 창조하고, '자신을 본뜬 모습'으로 인간을 창조하며 천지창조에 마침표를 찍었을까? 이유는 간단하다. 신은 사랑이며, 사랑에는 다른 누군가가 필요하기 때문이다. 신은 사랑의 대상으로 어떤 의미에서는 자신과 대등한 존재자, 즉 자유로운 존재로서의 인간을 창조했다. 인간의 '유일성'이란 인간이 '사랑받을 수 있는 자'로 유일하고 절대적인 신과 닮은꼴이라는 데서 유래한다.

히브리 신앙의 세 번째 특징은 무한한 자애, 즉 사랑이다. 자애는 예수의 가르침으로 증명되었다. 예수는 가난한 목수의 아들로 태어나 사회의 지배 계급에 저항하며 힘없고 차별받는 사람들과 평생을 함께했다. 그는 죄, 가해, 폭력에 복수하지 말고 일곱 번씩 일흔 번이라도 용서하라고 가르쳤다. 이 용서의 극한에 '네 원수를 사랑하라'라는 가르침이 있다. 사랑과 용서야말로 기독교의 핵심이다.

유럽 사상은 그리스 사상과 히브리 신앙이라는 두 원천에서 생명력을 얻어 발전했고, 철학이라는 형태로 가다듬어졌다. 유럽 사상의 발전 과정을 한눈에 볼 수 있도록 3부에서는 유럽 철학에서 가장 중요한 대목만 뽑아 핵심을 간추렸다. 화려한 교향곡에서 내 취향대로 골라낸 아주 짧은 소절에 지나지 않지만, 유럽 철학의 본질을 파악하는 데 큰 무리는 없으리라 확신한다.

일러두기

1. 본문에 언급된 성서는 대한성서공회에서 1998년 초판을 출간한 후 2006년 4판이 발행된 성경전서 개역개정판을 참고했습니다.
2. 철학자, 시인 등의 작품과 도서는 《 》로, 성서의 각 권은 〈 〉로 표기했습니다.

철학의 시작, 그리스를 말하다

신약성서 속으로

3부 쉽게 읽는 서양철학사

아테네 아크로폴리스의 파르테논 신전 © Anastasios71/shutterstock.com

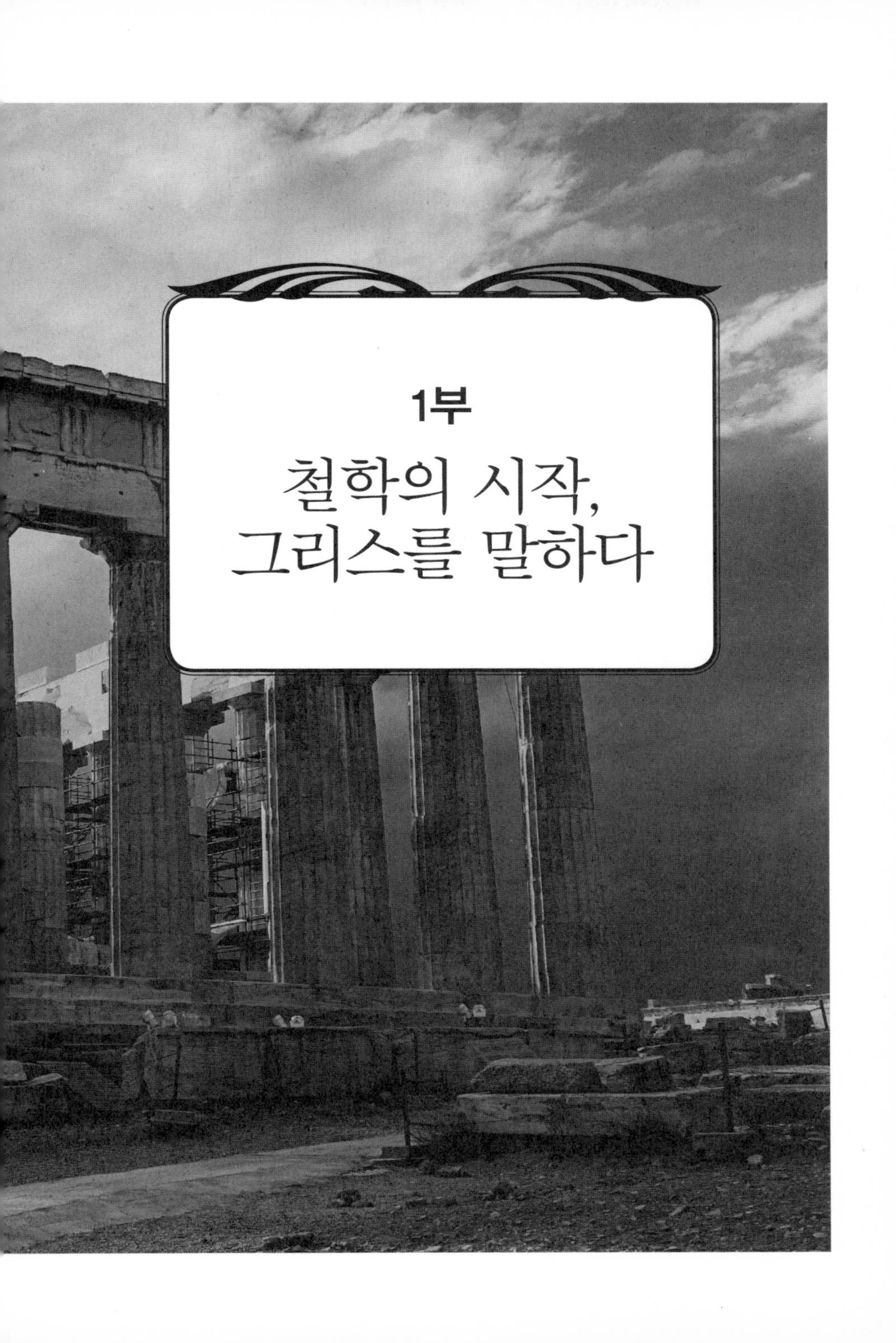

1부
철학의 시작, 그리스를 말하다

1장 | 그리스인, 문명의 꽃을 피우다

자유와 평등을 자각하다

그리스인은 스스로를 '헬레네스Hellenes'라 불렀고, 다른 사람들을 '바르바로이Barbaroi'라 불렀다. 바르바로이라는 말은 원래 '그리스어를 못하는 사람'이라는 뜻이었지만, 차츰 '미개한 야만인'이라는 의미도 겸하게 되었다. 그리스인은 자신의 사고방식과 생활방식에 긍지를 가졌으며, 자신들처럼 생각하고 생활하지 않는 다른 민족에 대해 우월감을 느꼈다. 헬레네스와 바르바로이라는 말은 그리스인의 자부심에서 비롯되었다. 다시 말해, '헬레네스'라는 말은 '그리스인만이 인간다운 삶을 산다'라는 의미로도 풀이할 수 있다.

그렇다면 인간다운 삶이란 어떤 모습일까? 인간다운 삶이란 인간 삶의 기초가 되는 자유와 평등에 대한 자각을 의미하기도 하고, 사물의 본질을 추구하고 우주의 질서를 발견하기 위한 탐구 정신의 성립을 가리키기도 한다.

그리스 문명은 유럽 문화의 밑거름이 되었지만, 그렇다고 그리스인이 세계사에서 가장 오래된 문명을 구축했다고는 할 수 없다. 동양에는 중국의 황하 문명과 인도의 인더스 문명이 있었고, 그리스 주변에도 이미 이집트 문명과 메소포타미아 문명이 자리하고 있었기 때문이다. 그리스인이 세계사 무대에 등장한 시기는 기원전 2000년 전후지만, 그들이 어디에서 왔는지는 확실하게 밝혀지지 않았으며, 그리스인이 다른 민족보다 빼어난 문명을 가졌다는 증거도 찾을 길이 없다. 그리스인이 세계사 무대에 등장했을 당시, 이집트와 메소포타미아는 이미 강대한 정치권력을 이룩했고, 부를 축적해 거대한 건조물을 세우고 예술품과 종교의식을 창조했다. 그리스인은 이집트와 메소포타미아에서 많은 부분을 배우고 계승했으므로 어떤 의미에서는 후진後進 민족이라 할 수 있다.

세월이 흘러 기원전 1600년 무렵에 이르면 그리스인은 그리스 본토의 여러 지방에 성을 쌓기 시작한다. 그중 가장 널리 알려진 성이 아가멤논Agamemnon 비극으로 유명한 미케네Mycenae 성이다. 아가멤논은 그리스 신화에 나오는 미케네의 왕으로, 그리스군의 총지휘관으로 출정하여 트로이 전쟁을 승리로 이끈 전쟁 영웅이다. 트

미케네 성의 사자문 © Kardmar/shutterstock.com

로이 전쟁에서 트로이의 왕녀 카산드라Cassandra를 데리고 돌아왔으나, 그가 집을 비운 동안 밀통密通하고 있던 아내와 정부情夫 아이기스토스Aegisthus에게 카산드라와 함께 죽임을 당한다. 그의 아들 오레스테스Orestes가 어머니를 살해함으로써 아버지의 원수를 갚는다는 이 이야기는 비극 작품의 좋은 소재가 되어 아이스킬로스Aeschylos의 《오레스테이아Oresteia》 3부작 등 많은 비극 작품을 탄생시켰다.

미케네 문명은 극적으로 세간에 알려졌다. 《일리아스Ilias》(고대 그리스의 작가 호메로스Homeros가 지었다고 하는 그리스 최고最古·최대의 영웅 서사시. 10년에 걸친 그리스군의 트로이 공격 중 마지막 열흘 동안 일어난 사건을 노래한 것으로, 모두 1만 5,693행으로 되어 있다. 일리아드Iliad라고도 불린다_옮긴이)와 《오디세이아Odysseia》(호메로스가 기원전 8세기 무렵에 지은 장편 서사시. 트로이 원정에 성공한 영웅 오디세우스Odysseus가 겪은 표류담과, 그가 이타카Ithaca 섬에 돌아올 때까지 10여 년 동안 정절을 지킨 아내 페넬로페Penelope와의 재회담, 아내에게 구혼한 자들에 대한 복수담 등으로 구성되며, 총 스물네 권으로 이루어져 있다_옮긴이)의 내용이 역사적 사실이라고 확신했던 독일의 고고학자 하인리히 슐리만Heinrich Schliemann(1822~1890)은 평생을 트로이 발굴에 바쳤고, 결국 호메로스의 영웅담이 한낱 허구라는 세간의 상식을 뒤엎고 미케네 문명의 면모를 드러내는 데 성공했다. 슐리만은 어린 시절 읽은《일리아스》에 매혹되어 트로이 발굴을 꿈꿨고, 사업가로 성공한 후 마흔이 넘은 나이에 독학으로 고고학을 공부해 오늘날 터키의 히사를리크Hisarlik 언덕에서 고대 도시를 발굴하는 데 성공했다. 그는 자신이 발굴한 도시가 트로이라고 굳게 믿었지만, 현재는 그가 발굴한 지층이 호메로스 이전 시대의 것이며, 트로이 유적은 다른 지층에 존재한다는 학설이 다수설로 지지를 얻고 있다. 비록 진짜 트로이를 발굴하지는 못했지만, 미케네 문명을 발굴해 그리스학의 새로운 경지를 개척한 것이다. 그는 미케네 성 유적에서 출토된 유물을 분석해 그들이 성곽과 무기, 도예, 장식 등의 분야에서 고도의 문명을 이룩했으며, 재산 목록과 행정 기록을 문자로 기록해 보존했다는 사실을 밝혀냈다.

미케네 문명은 당시의 선진 문명과 질적으로 전혀 다를 바 없는 수준을 보여줄 만큼 분명 발달한 문명이었지만, 아직 그리스인 고유의 특질을 발휘하는 단계에는 이르지 못했으며, 약 400년간 이어지다 기원전 1200년에서 1100년 사이에 소멸했다. 이후 약 400년간 극심한 민족 이동이 있었고, 문명의 암흑시대가 이어졌다(미케네의 멸망에 관해서는 문자로 된 사료가 남아 있지 않기 때문에 정확한 멸망 원인은 밝혀지지 않았다. 학자들은 도리아인dorian이 남하하며 미케네가 멸망했다고 추측할 뿐이다_옮긴이).

그리스 정신, 지중해 세계를 지배하다

미케네 문명이 소멸한 후 그리스 세계는 약 400년간 황망한 파괴의 시대를 거친다. 그 무렵 소아시아(아시아 대륙의 서쪽 끝, 흑해와 에게Aegean 해, 동지중해에 둘러싸인 지역으로 흔히 아나톨리아Anatolia라고 부른다. 아나톨리아라는 지명은 그리스어로 '태양이 뜨는 곳'이라는 의미인 'anatole'에서 유래했다. 오늘날 터키의 대부분을 차지하는 지역으로, 고대부터 지중해 문화와 아시아 문화가 공존하는 문화의 보고였다_옮긴이)에서는 앗수르Assyria 제국(셈계semitic 앗수르인이 티그리스Tigris 강과 유프라테스Euphrates 강 유역에 세운 왕국. 기원전 2500년경에 아슈르Ashur를 중심으로 도시국가를 형성했고, 기원전 7세기경에는 지중해 연안과 소아시아 이집트를 포함하는 강대국으로 발전했으나, 기원전 612년에 메디아Media와 신바벨론New Babylonia 왕국의 합동 공격을 받아 멸망했다_옮긴이)이 무소불위의 군사력으로 한창 세력 확장에 힘쓰고 있었다.

암흑시대의 종말이 가까워진 기원전 700년경 그리스인은 드디어 역사의 무대에 모습을 드러낸다. 내륙에서 앗수르가 위세를 떨치는 동안, 그리스인은 동쪽으로는 흑해 주변에서 에게 해 연안까지, 서쪽으로는 시실리Sicily 섬과 동이탈리아를 거쳐 저 멀리 프랑스 연안까지, 남쪽으로는 리비아Libya 연안을 아우르는 드넓은 지중해 주변 지역에 식민도시를 건설하기 시작했다. 오늘날까지 이름이 남아 있는 나폴리Napoli, 마르세유Marseille, 시라쿠사Siracusa, 알렉산드리아Alexandria 등은 모두 그리스인이 세운 식민도시다. 그리스인의 식민 활동은 헬레니즘 시대(기원전 323년 알렉산드로스Alexandros 대왕의 죽음을 시작으로 기원전 30년 이집트가 멸망할 때까지 약 300년의 기간_옮긴이)에 이르기까지 시종일관 지중해 세계를 하나의 그리스어 문화권으로 통합하며 번영의 꽃을 피웠다.

한편 소아시아에서는 앗수르에 이어 메디아, 바벨론 등의 강대국이 차례로 흥망을 거듭하다 기원전 520년경 드디어 세계 역사상 유례를 찾기 힘들 정도로 거대한 중앙집권 국가를 이룩한 페르시아 제국이 출현했다. 페르시아의 출현으로 그리스인과 바르바로이가 대결할 운명의 순간이 찾아왔다. 지중해 곳곳에 흩어진 도시를 중심으로 뿔뿔이 흩어졌다 다시 모이기를 반복하던 그리스 세계는 이무렵 스스로를 독자적인 삶의 방식을 고수하는 하나의 문화적 통일체로 인식하기 시작했다.

그리스인이 스스로 깨달았다는 독자적인 삶의 방식이란 무엇일까? 그리스인의 말을 빌리면, '유일하게 인간다운 삶의 방식'이다. 그들은 자신들의 삶의 방식을 지키기 위해 목숨을 걸고 맞서 싸웠다.

그리스적 삶의 방식은 다양하게 표현할 수 있다. 인간 개개인이 자유롭고 평등하다는 자각을 바탕으로 성립하는 삶이 바로 그리스적 삶이다. 또한 인간은 한 사람의 전제 군주나 절대 권력자의 명령이 아니라 공평한 법 규정에 따라 살아야 하는 존재라는 사고방식 역시 그리스적 삶이다. 더불어 그리스인은 군주제나 귀족제, 금권제(경제력이 있는 일부 부유층이 사회를 지배하는 제도_옮긴이)가 아닌 민주제야말로 인간이 마땅히 취해야 하는 사회 체제라고 믿었다.

그리스인은 자유와 평등의 개념을 깨닫고 실현하면서 자신들이 다른 민족보다 우월하다는 생각을 품게 되었다. 그리스 정신과 민주주의는 그리스가 인류에게 남긴 가장 위대한 유산인 동시에 가장 그리스적인 창조물이었다.

페르시아 전쟁의 승리

다리우스 대왕Darius I(기원전 550~486)은 기원전 521년 페르시아 제국의 지배자가 되었다. 당시에는 아시아와 유럽을 나누는 에게해가 다리우스의 세계와 다른 세계를 구분하는 경계 역할을 했다. 강대한 제국의 유일한 지배자였던 다리우스에게 해안을 따라 점점이 흩어진 그리스의 식민도시는 눈엣가시 같은 존재였다. 특히 소아시아 이오니아Ionia 지방의 식민도시가 똘똘 뭉쳐 대항하며 그의 심기를 불편하게 하는 것은 물론이고 수시로 반란을 일으켜 진압하는 데 애를 먹었기 때문이다.

페르시아에 맞서 반란을 일으킨 이오니아인은 그리스 본토에 구원을 요청했고, 아테네Athens와 에레트리아Eretria가 원군을 보냈다. 그리스에서 온 지원 부대는 내륙에 상륙해 페르시아 제국이 지배하고 있던 리디아Lydia(소아시아 서부의 고대 왕국_옮긴이)의 수도 사르디스Sardis를 함락하는 눈부신 전과를 올렸다. 그리스가 승승장구할수록 다리우스의 분노는 커져만 갔다. 결국 다리우스는 기원전 490년에 반역을 일으킨 그리스를 처벌한다는 명목으로 아테네와 에레트리아에 원정군을 보냈다. 페르시아군은 막강한 군사력으로 어린아이 손목 비틀듯 간단히 에레트리아를 유린했지만, 아티카Attika 동쪽 해안의 마라톤 평야에 상륙한 후 아테네의 거센 저항에 부딪혔다.

결국 페르시아군의 그리스 본토 침공은 아테네의 강력한 저항으로 좌절되고 말았다. 이때 그리스군의 승리를 시민들에게 전하기 위해 마라톤 평야에서 아테네까지 쉬지 않고 달려와 승전보를 전하고 숨을 거둔 전령에 관한 고사故事가 오늘날 올림픽의 대미를 장식하는 마라톤 경기의 유래가 되었다.

마라톤 평야의 전투에서 승리한 후 마라톤이라는 지명은 아테네인의 긍지를 상징하는 이름으로 남았다. 우리에게 그리스 비극의 창조자로 알려진 아이스킬로스의 묘비를 보면 아테네인이 마라톤이라는 단어에 어느 정도 자부심을 갖는지를 미루어 짐작할 수 있다.

> 에우포리온의 아들이었던 그는 밀의 산지로 유명한 시칠리아의 도시 겔라에서 스러져 이곳에 잠들었다.
> 마라톤 평야의 전투에 참전한그의 용기를 영광스럽게 말하도다.
> 긴 머리의 페르시아인 역시 그를 기억하고 이야기하리라.

보다시피 비극 작가로서의 눈부신 생애는 단 한 줄도 언급되지 않고, 그저 마라톤 평야의 전투에 참전했다는 내용이 새겨져 있을 뿐이다.

어쨌든 다리우스 대왕은 원통하게도 그리스 원정을 완수하지 못하고 눈을 감았고, 그리스 원정은 아들인 크세르크세스 1세

Xerxes I (기원전 519?~465. 크세르크세스라는 이름은 고대 페르시아어를 그리스어 'Xerxēs'로 표기한 것이다. 우리에게는 영화 *300*에서 화려한 황금 코걸이를 하고 '나는 관대하다'라는 대사를 하는 인물로 알려져 있다_옮긴이)의 과업이 되고 말았다. 고대 그리스의 역사가 헤로도토스Herodotos(기원전 484~425)에 따르면, 선왕의 유지를 이어받은 크세르크세스는 264만의 대군을 이끌고 그리스를 침략했다고 한다(헤로도토스, 《역사Historiae》 7권 186). 물론 헤로도토스가 기록으로 남긴 숫자를 그대로 믿을 필요는 없지만, 어쨌든 당시 세계의 지배자가 아시아의 온갖 민족을 그러모아 구성한 가공할 대군을 이끌고 그리스로 쳐들어온 것은 사실인 셈이다.

이 대군이 그리스 본토로 밀고 들어왔을 때, 그리스 북부와 중앙의 여러 도시국가는 싸움을 포기하고 크세르크세스에게 성문을 활짝 열어주었다. 그러나 아테네와 스파르타Sparta 등의 도시국가는 동맹을 결성하여 결사 항전을 다짐했다.

크세르크세스와 데마라토스의 대화

그리스 원정을 앞두고 크세르크세스는 앞으로 벌어질 일에 대해 데마라토스Demaratos와 대화를 나눈다. 데마라토스는 한때 스파르타를 통치하던 왕이었으나 조국의 처우에 불만을 품고 페르시아로 망명한 인물이다. 크세르크세스는 조국을 배신한 자라면 그리스인의 약점을 미주알고주알 털어놓고 자신을 받아준 페르시아인을 찬미해야 마땅하다고 생각했다. 그러나 그의 기대는 보기 좋게 빗나갔다.

헤로도토스가 기록한 둘의 대화를 잠시 살펴보자.

> 크세르크세스: 그리스인이 감히 짐에게 대항할지 고해보거라.
>
> 데마라토스: 그리스는 예부터 가난을 숙명으로 받아들이고 가난과 더불어 살아왔습니다. 그러나 그리스인은 지혜와 엄격한 법의 힘으로 용기를 갖게 되었습니다. 그들은 적과 맞서 싸울 사람이 천 명이 되지 않을지라도 전하와 맞서 싸울 것입니다.
>
> 크세르크세스: 그리스 병사 하나가 페르시아 병사 스무 명과 맞먹는다는 말이더냐? 병사가 천 명이든 만 명이든, 아니면 5만 명이든 저마다 똑같이 자유롭다면 장수 한 명의 지휘에 따르지 않을 것이다. 그런 자들이 어떻게 짐의 대군에 맞설 수 있겠는가? 그들이 우리처럼 한 장수의 지휘에 따른다면 그가 두려워 실력 이상의 힘으로 선전할 것이고, 그가 그들에게 채찍질을 한다면 그들은 채찍이 두려워 수적으로 우세한 적을 공격하게 될 것이다. 그러나 만인이 자유롭다면 그들은 그중 어느 것도 하지 않으려고 할 것이다.
>
> 데마라토스: 스파르타 병사 한 사람 한 사람이 일당백의 장수라고 주장하는 것이 아닙니다. 하지만 그들이 단결하면 세계 최강의 군

대가 될 것입니다. 그들은 자유롭지만 완전히 자유롭지는 않습니다. 스파르타군의 주인은 법이며, 그들은 전하의 신하들이 전하를 두려워하는 것 이상으로 법을 두려워하옵니다. 법의 명령은 오직 한 가지, 아무리 많은 적을 만나더라도 그들에게 등을 내보이지 말고, 자신의 자리를 지키며 죽음을 각오하고 맞서 싸우라는 것입니다.

헤로도토스, 《역사》 7권 102~104

조국을 배신한 데마라토스의 입에서조차 그리스인의 본질에 관한 이야기가 흘러나왔다. 자신의 처지를 잊은듯한 우월감이다. 그리스인의 자부심은 인간다운 삶의 기초가 되는 자유에 대한 자각과, 그 자유가 다른 인간의 권위가 아닌 법질서를 따를 때 주어진다는 인식에서 비롯된다.

결국 그리스는 '테르모필레 전투Battle of Thermopylae(기원전 480년에 일어난 전투로, 영화 *300*의 배경이 되었다. 테르모필레는 그리스로 들어가려면 반드시 지나야 했던 좁은 골짜기로, 이곳에서 페르시아와 그리스 연합군의 치열한 전투가 벌어졌다_옮긴이)'를 거쳐 '살라미스 해전Battle of Salamis(기원전 480년 아테네의 주도 아래 그리스 연합군이 살라미스 해협에서 페르시아군을 크게 무찌른 전투로, 아테네가 번영하는 중요한 계기가 되었다_옮긴이)'에서 전세를 완전히 뒤엎으며 페르시아 전쟁에서 승리했다. 누구도 감히 그리스가 크세르크세스에게 이기리라고는 생각하지 못했다. 그리스인 중에서도 승리를 확신한 사람은 소수에 불과했다. 세계사에 한 획을 그은 이 사건 이후, 그리스인이 자신들을 세계에서 가장 우수한 민족이라고 믿게 된 것은 어찌 보면 당연한 귀결일 것이다. 그들은 자기 민족의 우수성을 혈통이나 피부색 등 생물학적 특성에서 찾지 않았다. 그들의 긍지는 자신들의 삶의 방식, 풍속, 법, 사상, 언어에서 나왔다. 이 모두 사람이 스스로의 힘으로 일구는 것이며, 야만이나 무력으로 앗아갈 수 없는 것이다.

《일리아스》와《아가멤논》, 그리스 정신의 결정체

'코스모스cosmos'라는 그리스어만큼 그리스인의 이성주의를 단적으로 드러내는 말도 없을 것이다. 이 말은 근대 유럽어에 이르러 '우주'를 뜻하게 되었다. 원래 그리스어의 코스모스에도 우주라는 뜻이 포함되어 있었지만, 기본적으로 코스모스는 '배열, 질서'라는 의미에 더 가깝다. 그리스인은 '우주'를 한마디로 '질서'라고 정의했던 셈이다. 다시 말해, 그리스인은 우주가 혼돈과 우연이 아닌 일정한 법칙에 따라 움직인다고 생각했다.

철학은 기원전 6세기에 그리스의 식민도시인 밀레투스Miletus에서 시작되었다고 추정된다. 이 시기를 철학의 기원으로 보는 이유는 밀레투스 사람들이 다양한 사물의 근원을 형성하는 유일한 실체에 대한 탐구를 처음으로 시작했기 때문이다. 그들은 만물의 근원을 규명하고자 했다. 만물의 근원을 규명해 그 궁극적 실체를 밝혀내면 다양한 현상세계의 사물을 이해할 수 있을 것이다. 예를 들어, 만물의 근원이 물이라면 인간 역시 물에서 왔을 것이고, 만물의 근원이 불이라면 인간은 불에서 만들어졌을 것이다. 밀레투스학파 Milesian School는 만물의 근원을 이루는 궁극적 실체는 현상세계에서 다양하게 모습을 바꾸어 나타난다는 생각에서 출발했다. 말하자면 밀레투스학파는 이 세계에서 유일하게 변하지 않는 실체를 찾아내려고 했던 셈이다. 유일하게 변하지 않는 실체를 찾으면 생겨났다 변화하기를 반복하는 다양한 현상세계를 설명할 수 있다고 믿었던 것이다. 이러한 사상적 움직임은 우연의 법칙에 지배되는 자연계의 일부에 지나지 않았던 인류가 영원히 변하지 않는 궁극적 실체, 즉 본질을 자각한 역사적인 순간이라고 할 수 있다.

본질 탐구는 그리스 이성주의의 근간이다. 그리스 비극 작가들의 여러 작품에도 이성주의 사상이 또렷하게 각인되어 있다. 예를 들어, 호메로스는 전쟁을 주제로 삼으면서도 전쟁의 과정이나 상황을 구체적으로 묘사하지 않았다. 방대한 전쟁사 중 몇 가지 사건을 언급하고, 그 사건들의 양상에 초점을 맞추어 자신이 생각하는 인생의 의미, 인간의 고뇌와 희열을 이야기하고자 했다. 호메로스는 명예욕, 권력욕, 정욕, 복수심이 인간을 움직이는 원동력이라고 믿었다.

《일리아스》의 소재는 장장 10년에 걸친 트로이 전쟁이지만, 호메로스는 그중에서 전쟁이 끝날 무렵 열흘간을 그렸을 뿐이다. 아킬레우스Achilleus의 여종 브리세이스Briseis를 둘러싼 아가멤논 장군의 정욕과 광기, 아가멤논과 아킬레우스의 갈등, 명예를 훼손당한 아킬레우스의 전선 이탈과 같은 일련의 사건들이 어떻게 수많은 병사를 사지死地로 몰아넣었는지가 작품의 주된 소재다.

친구인 아킬레우스가 아가멤논과의 불화로 전쟁에 참여하지 않자 그의 갑옷을 빌려 입고 그의 대역으로 전투에 나선 파트로클로스Patroclus의 영웅적 궐기와 인식의 오류(아킬레우스가 트로이군이 후퇴하면 절대로 추격하지 말라고 조언했지만, 파트로클로스는 이를 어기고 적진 깊숙이 추격하다 반격을 당해 헥토르Hector에게 살해당하고 만다_옮긴이)에서 비롯된 파트로클로스의 전사, 전사한 친구의 복수를 다짐하며 전선에 복귀한 아킬레우스, 파트로클로스를 창으로 찌른 순간 운명의 수레바퀴가 굴러가기 시작했음을 깨닫고, 아킬레우스와의 결투를 피할 수 없는 운명으로 받아들인 헥토르, 그리고 헥토르의 죽음과 트로이의 멸망을 이야기한 책이 바로 《일리아스》다. 마지막 열흘 동안 응축되어 일어나는 사건들 속에서, 명예를 위해 사는 인간의 삶이라는 절망과 영욕과 투쟁의 모든 것, 더불어 전쟁의 본질이 서술된다.

아이스킬로스의 《아가멤논Agamemnon》 역시 방대한 아르고스Argos(그리스 펠로폰네소스Peloponnesos 반도의 아르골리스Argolis 주에 있는 도시_옮긴이) 전설을 소재로 하지만, 줄거리는 놀라울 정도로 간결하

아킬레이온 궁전Achilleion Palace의 아킬레우스 동상 © Fotokon/shutterstock.com

다. 그는 작품에서 '클리타임네스트라Klytaimnestra의 지아비 살해'라는 단 하나의 장면을 부각해 미케네 성에 얽힌 피비린내 나는 저주받은 숙명의 본질을 중점적으로 그려낸다. 클리타임네스트라 사건은 끊을 수 없는 증오에서 비롯된 흉악한 범죄의 무한한 연쇄반응이라고 할 수 있다.

이처럼 그리스 비극 작가는 인생의 파노라마를 사실적으로 그리지 않는다. 그들은 인간이 보편적 진실이라고 밝혀낸 하나의 이념을 가능한 한 명쾌한 필법으로 묘사해 읽는 이들에게 간결하면서도 강력한 메시지를 전달하고자 했다. 이런저런 군더더기를 덜어내고 본질에 접근하려는 엄격한 논리성은 검푸른 하늘을 배경 삼아 바위산 위에 우뚝 선 그리스 신전의 단순함과도 맞아떨어진다고 볼 수 있지 않을까?

불완전한 것은 존재할 가치가 없다

그리스의 건축과 조각에서도 이성주의에 입각한 사고방식을 찾아볼 수 있다. 그리스의 건축물은 형태, 균형, 대칭, 양식의 결정체다. 그리스 건축 곳곳에는 논리와 명쾌함, 통제된 이성이 깃들어 있다. 그리스 신전을 중세 고딕 양식의 대성당과 비교해보면 그리스 건축의 특징이 한눈에 들어온다.

파리의 노트르담 대성당Cathédrale Notre-Dame을 떠올려보자. 이 프랑스식 대성당의 내벽과 외벽에는 헤아릴 수 없이 많은 섬세하고 아름다운 조각이 빽빽이 뒤덮여 있다. 조각의 주제도 다양해 성자, 천사, 괴물, 제왕, 새, 짐승, 꽃, 다채로운 자연, 천국과 지옥, 우주의 빛과 어둠 등 그야말로 삼라만상을 다루고 있다. 고딕 대성당이 표방하는 다양성과 풍요로움은 인생의 무한한 에너지, 즉 깊이를 알 수 없는 우주의 심연을 형상화한 것이다.

그러나 그리스 신전에 나타나는 정제된 단순함과 단정함은 풍요로운 고딕 양식과는 대조적이다. 아테네 아크로폴리스Acropolis의

파르테논Parthenon 신전은 그리스 양식의 전형이라 할 수 있다. 또 델포이Delphoe의 아폴론Apollo 신전과 수니온 곶Cape Sounion의 포세이돈Poseidon 신전 역시 몇 개의 주춧돌과 돌기둥만 남아 있음에도 압도적인 형식미로 우리의 마음을 사로잡는다. 그리스 양식은 일체의 군더더기를 배제한 단순한 논리성이 형식화한 질서의 미다.

피라미드와 스핑크스로 대표되는 이집트 건축은 웅장한 느낌을 주기 위해 거대한 석재를 사용한다. 그리스의 조각은 이집트의 영향을 받았지만, 차츰 독자적인 기술과 예술성을 더해 가볍고 섬세한 형태로 발전해갔다. 하지만 적어도 기원전 4세기까지는 예술에서 개인을 표현하려고 한 시도는 찾아볼 수 없다. 그리스인은 운동선수와 영웅, 신을 작품으로 형상화했지만, 평범한 개인은 작품으로 표현하지 않았다. 그 이유는 무엇일까?

파리의 노트르담 대성당 © Rudolf Tepfenhart/shutterstock.com

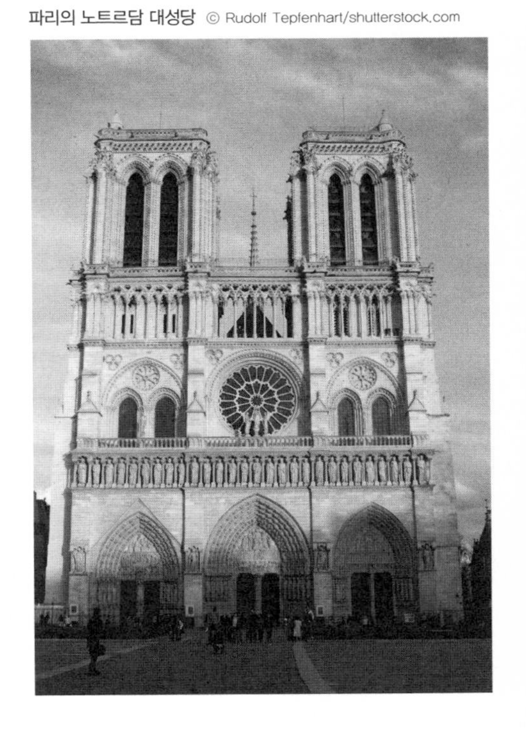

이유는 간단하다. 그리스

수니온 곶의 포세이돈 신전 © Bryan Busovicki/shutterstock.com

예술가들은 항상 이상을 표현하려고 했기 때문이다. 그들은 보편적인 것, 형상적인 것, 법칙적인 것, 이념적인 것을 추구했다. 예술의 과제는 최고의 아름다움을 구현하는 데 있었다. 만약 개개의 인간이 불완전하고 열등하며 추한 존재라면(물론 현실의 인간은 정도의 차이는 있지만 모두 불완전한 존재다), 그들은 예술 작품으로 표현할 가치가 없다. 그리스 예술가들은 이러한 사고방식에 입각해 이상적인 아름다움만을 추구하고, 개인의 구체적 특징에 주목하지 않았던 것이다.

그리스 조각상은 아름답지만 하나같이 똑같은 표정을 하고 있다. 여기에는 불완전한 것은 존재할 가치가 없는 열등한 것이라는 생각이 깃들어 있다. 그리스적 예술관이 지금까지 이어져 왔다면 개인의 존재 자체가 가치 있다는 오늘날과 같은 사상은 탄생하지 못했을 것이다.

유럽에서는 기독교 성립 이후에야 개인이 쟁점으로 부각되기 시작했다. 인간 존재의 실존에 대한 자각은 걱정을 끼치지 않는 순종적인 99마리의 양을 내버려두고 무리에서 떨어진 한 마리의 양을 찾아 나서는 성서 속 양치기 이야기에서 시작된다.

> 너희 중에 어떤 사람이 양 백 마리가 있는데 그중의 하나를 잃으면 아흔아홉 마리를 들에 두고 그 잃은 것을 찾아내기까지 찾아다니지 아니하겠느냐. 또 찾아낸즉 즐거워 어깨에 메고 집에 와서 그 벗과 이웃을 불러 모으고 말하되 나와 함께 즐기자 나의 잃은 양을 찾아내었노라 하리라.
>
> 〈누가복음〉 15장 4~6절

가장 이상적인 인간의 모습을 그려내다

아테네 고고학박물관에 '창을 던지는 포세이돈'이라는 청동상이 있다. 이 청동상은 고전기의 작품이지만, 아주 최근에야 에게 해 밑바닥에서 인양되었다. 2,000년 넘게 바닷속에 잠들어 있던 덕분에 파괴를 면한 명작인 셈이다. 이 청동상에서는 박진감이 느껴진다. 이 박진감은 과연 어디에서 오는 것일까?

포세이돈(그리스 신화에 나오는 바다의 신. 올림포스Olympos의 주신 제우스Zeus, 저승의 신 하데스Hades와 형제로, 주로 삼지창을 든 형태로 묘사된다_옮긴이)은 한창 나이의 남성이 내보이는 자신감과 권위의 상징이 아닐까? 균형 잡힌 몸매, 지금이라도 당장 창을 던질 것만 같은 다부진 자세에서 느껴지는 넘치는 힘, 전방을 응시하는 겁 없는 눈빛, 얼굴 전체에서 풍기는 현명한 인상 등의 특징은 지배자 위치에 있는 남성의 이상적인 모습으로 추정할 수 있다.

그렇다면 그리스의 종교와 문학, 철학 등 다양한 분야에서 약방의 감초처럼 빠지지 않고 등장하는 아폴론은 어떤 사람일까? 아폴론은 영원한 젊은이, 결코 패배하지 않는 강자, 문무에 통달하고 미래를 예지하는 능력을 지닌 자, 전쟁에 나서면 백전불패에 아리따운 소녀를 보면 뜨거운 피가 끓는, 말로 형용할 수 없을 정도의 미모를 갖춘 청년이다.

그리스 조각이 표현하는 여신들은 어떨까? 아르테미스Artemis, 아프로디테Aphrodite, 카리테스Charites, 무사이Mousai 등의 여신들은 청순하고 매력이 넘치며 우아하여 시인들의 감성을 자극하는 만인의 연인이다.

창을 던지는 포세이돈 © wikipedia

즉, 그리스인에게 신이란 우리 인간이 되고 싶은 모습, 가장 이상적인 인간의 모습이다. 그리스 시인들이 신에게 인간이 가진 고락과 정열과 같은, 아니 인간보다 더 강력한 감정을 부여한 것은 이런 맥락에서 보면 당연한 수순이었다. 그리스인에게 신이란 영원성을 부여받은 인간이며, 인간 본질에 대한 찬미가 예술의 형태로 모양을 갖춘 것이기 때문이다.

인간이라는 존재를 사랑해 신을 인간을 본뜬 모습으로 형상화한 그리스인의 종교관은 회의적일 수밖에 없었다. 인간이 불완전하듯 신 역시 완전하지 않다고 믿었던 그리스인은 신이라는 존재를 인간

사냥의 여신, 아르테미스 © Passion Images/shutterstock.com

미와 사랑의 여신, 아프로디테 © Panos Karas/shutterstock.com

의 아름다움을 찬미하는 대상으로 삼은 동시에 인간의 나약함과 추악함을 인정하는 반면교사로 만들었다. 그래서 훗날 크세노파네스 Xenophanes(기원전 560?~478? 고대 그리스의 시인이자 철학자_옮긴이)와 플라톤Platon(기원전 427~347)은 비논리적이라는 이유로 호메로스의 신을 거세게 비판하며, 진정한 신은 인간과는 완전히 다른 존재라고 신의 초월성을 주장하기도 했다.

나중에는 비판을 받지만 어쨌든 호메로스와 헤시오도스Hesiodos(고대 그리스의 시인. 기원전 8세기 무렵의 사람으로, 민중의 일상생활과 농업 노동의 존귀함을 노래했으며, 영웅 서사시에 뛰어났다. 작품으로《일과 날Ergakai Hemerai》,《신통기Theogonia》 등이 있다_옮긴이)의 신은 순박하고, 다양한 매력을 가진 매우 흥미로운 존재다. 인간을 신의 차원으로 끌어올려 찬미하다니, 이 얼마나 대담하고 불온한 정신인가! 그리스인은 인간 자신과 자의식, 그리고 무한한 가능성을 품은 능력을 찬미하는 전례 없는 문화를 일구어냈던 이들이다.

2장 | 사상의 시작, 호메로스가 간다

호메로스에 관한 역사적 진실

키오스Chios 섬 출신의 눈먼 시인으로 알려진 호메로스는 어떤 인물일까? 호메로스의 대표작이라 일컬어지는《일리아스》와《오디세이아》가 한 시인에 의해 완성되었다는 주장에 대해 학계에서는 아직까지 갖가지 설이 난무한다. 이 서사시의 배경에는 각지의 궁정을 떠돌며 노래했던 음유시인들이 몇 세기에 걸쳐 완성한 전통이 포함되어 있으며, 이 전승 시는 문자 기록으로는 남겨지지 않아 입에서 입으로만 전해 내려왔다고 한다. 따라서 호메로스라는 이름이 반드시 특정한 개인을 지칭한다고는 할 수 없으며, 기원전 700

년 무렵에 널리 알려진 전설을 정리하고 편집했던 뛰어난 개인 또는 집단을 가리킨다고 추측할 수 있다.

그렇다면 호메로스는 무엇을 노래했을까? 암흑시대 그리스에는 각양각색의 영웅 이야기가 존재했으며, 그중 가장 유명한 이야기는 그리스 본토에서 출발한 연합군의 트로이 침공과 영웅들의 귀환을 다룬《일리아스》와《오디세이아》다.《일리아스》와《오디세이아》는 장대한 서사시지만, 두 작품 모두 사건의 일부만을 다룬다.《일리아스》는 10년에 걸친 트로이 공략전 중 최후의 열흘 동안 벌어진 사건만을 다루며,《오디세이아》는 영웅 오디세우스가 트로이에서 고향 이타카 섬으로 귀환하기까지 10년간 방랑한 내용을 그리고 있다.

이 이야기들은 처음에는 단순한 전설 또는 창작으로 여겨졌다. 그러나 슐리만과 몇몇 고고학자의 발굴 조사 덕분에 트로이가 기원전 13세기 말에 실제로 존재했으며, 호메로스가 묘사한 영웅들과 관련된 역사의 발자취가 미케네에 남아 있다는 사실이 드러났고, 작품 속 사건이 역사적 사실임이 밝혀졌다. 즉, 호메로스는 기원전 8세기에 기원전 13세기의 미케네 시대를 이야기한 인물이며, 그의 작품은 역사적 사실을 배경으로 한다는 결론을 내릴 수 있다.

호메로스의 신, 영웅의 세계를 투영하다

호메로스의 세계는 인간과 신이 뒤얽혀 있는 세계였다. 영웅의 배후에는 거의 언제나 신이 등장해 영웅의 운명을 결정짓는다. 몇 가지 예를 살펴보자.

아킬레우스와 아가멤논의 화해를 다룬 《일리아스》 19권에서는 아가멤논의 변명이 다음과 같이 묘사된다.

> 한때 아킬레우스의 여인을 탐했던 지난날의 내 행동은 내가 저지른 것이 아니다. 그날 나는 아테 여신의 농간에 놀아나 광기에 휩싸이고 말았다. 사람의 몸으로 만사를 관장하는 신을 어찌 감히 거스를 수 있단 말인가?
>
> 호메로스, 《일리아스》 19권 86~92

과거의 부정을 신의 탓으로 돌리는 것은 책임을 회피하기 위해 아가멤논이 짜낸 억지스러운 변명이 아니다. 피해자인 아킬레우스조차 아가멤논이 유혹의 여신인 아테Ate 여신의 꼭두각시가 되어 여신의 뜻대로 휘둘렸다고 인정하기 때문이다.

하나 더, 스파르타의 왕인 메넬라오스Menelaos와 트로이의 왕자인 알렉산드로스의 결투 장면을 보자. 메넬라오스는 아가멤논의 동생으로, 트로이 전쟁의 원인이 되었다는 미녀 헬레네Helene의 남편이다. 그런데 파리스Paris라고도 불리는 알렉산드로스가 헬레네를 납치해 트로이로 끌고 가 아내로 삼았다. 메넬라오스는 헬레네를 되찾기 위해 오디세우스와 함께 트로이에 사절로 가지만, 헬레네를 돌려받지 못한다. 결국 트로이 전쟁이 발발하고, 메넬라오스는 알렉산드로스와 결투를 벌여 투구를 빼앗는다.

> 메넬라오스는 지금이야말로 유혹자 알렉산드로스에게 징벌을 가할 때라며 기세가 등등했다. 메넬라오스는 여인에게 수작을 거는 왕자의 투구 끈을 잡고 흙먼지를 일으키며 왕자를 여기저기 끌고 다닌다. 그때 여신 아프로디테가 질식사 위험에 직면한 왕자의 투구 끈을 자르고, 짙은 안개로 왕자를 감싸 구해낸다.
>
> 호메로스, 《일리아스》 3권 340~381

이 묘사는 우연히 투구 끈이 끊어져 왕자가 사지에서 탈출했음을 표현하는 문학적 수사일까? 아니면 호메로스와 그의 서사시를 들은 사람들은 시의 묘사를 있는 그대로의 사실이라고 믿었을까? 얼핏 황당무계해 보이는 호메로스의 묘사에 현대인이 만족할만한 합리적 설명을 부여하는 것은 생각보다 어렵지 않다. 예를 들어, 아가멤논의 변명에 관해서라면, 그의 행동은 그의 의식이 아니라 리비도libido(사람이 내재적으로 갖고 있는 성욕, 또는 성적 충동_옮긴이)와 권력욕이 빚어낸 순간적인 충동의 결과라는 설명이 가능하다. 아가멤논의 무의식에서 끓어오르는 성적 충동이 너무 강력해 이성의 자제력이 힘을 발휘하지 못했고, 그는 아테 여신에게 빙의되었다고 느꼈으리라고 해석할 수 있다.

그러나 여기서 우리는 그리스인에게 신은 실재하는 존재라는 사실에 주목해야 한다. 신의 개입이 없었다면 호메로스가 묘사한 영웅의 심리와 행동은 존재 근거를 상실할 것이다. 한마디로 호메로스의 서사시 자체가 파괴되는 것이다.

아가멤논은 분명 아테 여신에게 조종당했으며, 알렉산드로스는 아프로디테에게 구원받았다. 그리스 신의 존재를 부정할 필요는 없다. 그리스인에게 신은 실제로 존재했다. 그러므로 그리스의 신이 무엇을 의미하는지에 초점을 맞춘다면 그리스 신의 존재를 부정하지 않고 현대를 사는 우리가 수긍할 수 있는 합리적 설명도 가능하다.

지금까지 살펴본 내용을 바탕으로 호메로스의 신에 관해 정리해보자. 그리스의 신은 인간의 상상으로 만들어진, 인간이 가질 수 있는 최고의 힘과 미를 갖춘 존재다. 그리스 신의 존재 양식은 영웅의 행동 양식과 완전히 일치한다. 그러므로 영웅의 사회를 그대로 올림포스 산꼭대기에 투영한 모습이 신의 사회다. 그래서 그리스의 신은 권력투쟁을 일삼고, 사랑에 빠지고, 불륜을 저지르며, 서로 속고 속이는 게임을 벌인다.

그렇다면 신과 인간 사이에는 어떤 차이가 있을까? 인간은 죽음을 피할 수 없는 존재인 데 반해 신은 불사의 존재라는 점이 신과 인간의 가장 큰 차이라고 할 수 있다. 죽음과 불사, 이것은 무엇을 의미할까?

신이 인간의 본성과 자연을 표현한다는 사실에는 이견이 없을 것이다. 요즘 말로 하면, 신은 리비도, 잠재의식, 콤플렉스, 원한, 증오, 인과관계 등의 단어로 바꾸어 표현할 수 있다. 끓어오르는 성적 충동도, 무의식적인 습관도 모두 신의 조종을 받기 때문이다. 허영이나 과시욕, 열등감도 신의 조종 때문이며, 주는 것 없이 미운 사람도 신이 내가 그 사람을 미워하도록 조종하기 때문이다.

그리스인들은 설명할 수 없는 인간의 본성과 행동 양식은 신이 인간을 자신이 원하는 방향으로 몰아가기 때문에 만들어진 것이라고 말한다. 그리스의 신이 회화적으로 확실하게 구별되는 특징을 가지고, 각각의 신에게 고유의 기능이 부여된 것은 신의 이와 같은 성격에서 유래한다. 그리스인에게 신이란 인생의 평면도이며, 자연의 힘이었던 것이다.

새로운 영웅의 등장

호메로스의 세계는 뱀신과 지신地神 숭배, 데메테르Demeter(그리스 신화에 나오는 대지의 여신. 크로노스Cronos의 딸로, 곡물의 성장과 농업 기술을 관장한다_옮긴이)로 대표되는 풍년제, 디오니소스Dionysos(그리스 신화에 나오는 술의 신. 제우스와 세멜레Semele의 아들로, 자연의 생성력 및 포도, 포도주를 다스린다_옮긴이)로 대표되는 광란의 밀교密教에 노골적인 혐오감을 드러낸다. 이를 철저히 말살했다고 해도 과언이 아니다. 그렇지만 이와 같은 어두운 신앙의 뿌리는 질기고 깊었다. 호메로스 이전의 태고부터 그리스 문명이 종말을 맞는 헬레니즘 시대 말기까지 사라지지 않고 널리 숭배되었다.

호메로스는 자신의 서사시가 미신에 가까운 전통적인 그리스 종교와는 다른 방식으로 보이기를 바랐다. 그는 전통적인 그리스 종교와 확실하게 선을 그으려 했다. 그가 전통과의 단절을 추구하는 데는 그의 서사시가 태동한 이오니아 지방이 전통적인 그리스 종교의 엄격한 지배를 피한 식민지였으며, 무역과 다양한 교류로 경제적 번영을 거두어 힘과 자신감이 넘치는 사람들이 사는 지적이고 개방적인 풍토였다는 점도 한몫했다.

호메로스가 그린 영웅은 미신을 배격하며, 내세來世를 혐오한다. 호메로스의 영웅은 지적인 동시에 육체적인 능력도 뛰어나다. 그들은 지적·육체적 아레테arete(초월적 능력)로 영웅의 지위를 쟁취한 귀족들이다. 그들에게 인생의 기쁨이란 자신의 모든 능력을 발휘해 인생이 주는 선물을 마음껏 즐기는 것이며, 그러려면 건강한 육체와 냉철한 지성이 필요했다. 이런 이유로 호메로스의 세계에서 노년과 죽음은 한탄해야 마땅한 악으로 간주되었다.

호메로스의 영웅에게 영혼psyche(프시케)이란 무엇이었을까? 그리스인의 일반적인 사고방식에 따르면, 사람이 죽으면 육체는 사멸하고 영혼은 저세상(하데스의 땅)으로 떠난다. 그리스인은 사후에도 인간은 어떤 형태로든 저세상에 존속한다고 생각했다. 하지만 사후의 존재는 육체를 상실하고 모든 쾌락을 빼앗긴 가련한 존재에 지나지 않는다. 죽은 아킬레우스의 탄식을 들어보자.

> 죽음을 만드는 일을 멈추어주게. 모든 것을 가졌지만 생명이 없는 죽은 자의 왕이 되기보다는 살아서 끼니를 걱정하는, 자기 땅도 소유하지 못한 사내의 노예로 사는 게 나은 법이오.
>
> 호메로스, 《오디세이아》 11권 489~491

당시 노예란 재산도 토지도 자유도 없는, 말하자면 독립된 인격체로 대우받지 못하는 비참한 존재였다. 아킬레우스처럼 긍지 높은 남자가 밑바닥 삶을 사는 노예로 사는 게 낫다고 말할 정도로 호메로스의 세계에 사는 인간에게 저세상은 따분한 곳이며, 영혼의 존속은 아무런 가치가 없는 것이었다. 영혼이란 겉모습은 산 사람과 똑같지만 힘없는 연기와 같은 망령에 불과했다.

《일리아스》에는 헥토르를 쓰러뜨리고 원수를 갚은 아킬레우스에게 벗이었던 파트로클로스의 영혼이 나타나 구슬피 울부짖는 장면이 등장한다. 친구를 만난 아킬레우스는 반가운 마음에 따뜻하게 손을 내밀지만, 친구의 영혼은 가냘픈 비명을 지르며 '연기처럼' 땅속으로 꺼져버린다. 깜짝 놀란 아킬레우스는 이렇게 탄식한다.

> 황천의 나라에도 영혼이나 망령이 존재한다는 것이 진실이었구나. 비록 기력은 없지만…….
>
> 호메로스, 《일리아스》 23권 113~114

'기력'이라고 번역한 'phrên'이라는 그리스어는 때로는 슬픔이나 분노와 같은 감정을 뜻하며, 드물게 지식이나 인식이라는 뜻의 변형된 쓰임새도 찾아볼 수 있다. 하지만 본래는 '횡격막'을 가리키는 단어다. 호메로스의 세계에 사는 인간에게 마음의 움직임과 신체 기관은 불가분의 관계였던 셈이다. 그러므로 육체가 쇠락하면 마음의 움직임도 힘을 잃고 쇠락할 수밖에 없다. 영혼이란 아무런 힘도 없는, 산 자의 그림자에 지나지 않는 존재다.

《오디세이아》에는 오디세우스가 하데스의 땅으로 내려가 어머니의 영혼과 만나는 장면이 나온다. 그는 사무치는 그리움에 어머니를 얼싸안으려고 세 번이나 달려들지만, 어머니의 영혼은 번번이 '그림자'나 '꿈'처럼 멀리 달아나버린다. 마음이 갈가리 찢겨 비통하게 탄식하는 아들에게 어머니는 말한다.

> 한번 죽으면, 이것이 사람의 숙명이란다. 이제 내 육신은 근육과 뼈를 지탱하지 못하고 생기가 백골을 떠나니, 영혼은 꿈처럼 떠도는구나.
>
> 호메로스, 《오디세이아》 11권 218~222

호메로스의 영웅들

호메로스는 영웅을 용맹함과 아름다움을 갖춘, 인간보다 신에 가까운 존재로 묘사했다. 그러나 영웅과 신 사이에는 넘을 수 없는 선이 있다. 신은 불로불사의 존재지만, 영웅은 언젠가 반드시 죽어야 하는 존재다.

> 가련하도다, 필멸자여. 한때는 들판의 과실을 영글게 하고 나뭇잎처럼 빛나게 타오르더니 이제는 기력을 잃고 초라하게 시들어가는구나.
>
> 호메로스, 《일리아스》 21권 464~466

신처럼 찬란한 빛을 내뿜는 삶과 어둠처럼 깜깜한 죽음이 등을 맞대고 있는 모습, 그것이 영웅, 아니 우리 인간의 모습이다. 아킬레우스는 복수심에 불탄 나머지, 한때 신과 같은 무적의 용사였던 헥토르를 모욕한다. 아킬레우스는 죽은 헥토르의 복사뼈에 구멍을 뚫고 가죽 끈을 꿰어 자신의 전차에 매단 후, 트로이 성벽 주변으로 끌고 다닌다.

> 그 순간 땅바닥에 질질 끌리는 헥토르의 머리 주위로 먼지가 자욱하게 피어오르고, 한때는 그렇게나 아름답던 얼굴이 먼지투성이가 되었다.
>
> 호메로스, 《일리아스》 23권 401~403

신과 같은 수려한 용모를 자랑하던 헥토르의 모습과 모욕을 당한 치욕스러운 모습이 한 문장 안에서 선명하게 대비된다. 신처럼 빛나던 인간이 먼지투성이가 되어 땅바닥에 뒹군다는 철저한 몰락, 위대함과 비천함을 대비하는 역설, 이것이 호메로스로부터 그리스 비극으로 이어진 비극적 인생관의 핵심이다.

제우스는 헥토르와 사르페돈Sarpedon(그리스 신화에 나오는 제우스와 라오다메이아Laodameia의 아들. 일설에는 제우스와 에우로페Europa의 아들로 나온다. 트로이 전쟁 때 파트로클로스에게 살해되어 죽음과 잠의 신이 그를 매장했다_옮긴이), 파트로클로스와 아킬레우스를 사랑했다. 하지만 제우스가 사랑한 영웅들은 《일리아스》가 끝날 때까지 세 사람이 죽고, 네 번째 영웅마저 속절없이 죽임을 당하는 숙명에 처한다. 이것이 신에게 사랑받는다는 것이다. 영웅의 힘과 영광은 죽음과 맞바꾸어 주어진 신의 선물인 셈이다.

> 운명의 순간이 가까워올수록 제우스는 형형하게 눈을 빛내며 그들의 운명에 못을 박는다.
>
> 호메로스, 《일리아스》 16권 646

제우스는 영웅을 사랑한다. 하지만 제우스가 그들을 사랑하는 것은 그들에게 주어진 시간이 유한하기 때문이다.

호메로스의 신은 강자와 부자를 사랑하고, 약자와 가난한 자를 마음에 들어 하지 않았다는 비판이 심심치 않게 제기된다. 일리 있는 주장이다. 호메로스의 신은 귀족 사회의 영웅을 투영한 것이기 때문이다. 그러나 신이 강자에게 베푸는 호의는 강자를 패배와 죽음으로부터 지켜주기 위한 것이 아니라, 오히려 패배와 죽음의 구렁텅이에 빠뜨리기 위한 것이다. 하지만 이러한 신의 의도와 달리 인간은 존재의 유한성이라는 벽에 부딪히면 오히려 환하게 빛을 발하며 불타오른다.

만약 인간의 생명이 영원히 계속된다면, 우리는 긴장감을 상실한 채 무의미하고 불성실하게, 쉽게 말해 아무것도 하지 않고 본능이 시키는 대로 배가 고프면 먹고 졸리면 잠을 자는 식으로 인생을 낭

비할 것이다. 무슨 짓을 해도 죽지 않는다면 열심히 살려고 애쓸 필요가 없을 테니 말이다. 그것이 그리스 신화 속 신들의 세계다.

하지만 인간의 생명은 유한하다. 그래서 결코 돌이킬 수 없고, 두 번 다시 오지 않는 지금 이 순간이 소중하며, 시간 앞에 숙연해질 수밖에 없다. 덕분에 인간은 언젠가 덧없이 사라질 자신의 숙명을 자각하고, 인생의 불꽃을 활활 태울 수 있는 것이다.

그렇다면 호메로스가 그린 영웅의 본질적 특징은 무엇일까? 한마디로 용기와 명예다. 용기란 영웅이 전사로서 가진 우수성(아레테)의 발현이며, 명예란 용기의 대가로 주어지는 사회적 승인이다. 용기와 명예는 영웅의 자아실현이며, 그의 존재 의미나 마찬가지다. 영웅은 인생을 맹렬하게 사랑하지만, 명예를 지키기 위해서는 하나뿐인 목숨도 기꺼이 바친다.

사랑하는 벗 파트로클로스의 죽음에 분노하며 헥토르에 대한 증오를 불태우고 복수를 다짐하는 아킬레우스를 보고 헥토르의 아버지 프리아모스Priamos와 어머니 헤카베Hekabe는 트로이 성벽 위에서 비통하게 울부짖는다. 그리고 헥토르에게 부디 성안으로 돌아오라고 간곡하게 애원한다. 헥토르는 용맹한 전사였지만, 아킬레우스는 그보다 훨씬 강했다. 두 영웅이 싸우면 헥토르가 죽을 것은 뻔했다. 게다가 헥토르가 전사하면 트로이 성의 함락은 돌이킬 수 없는 일이 되고, 남자들은 몰살당하고 여자들은 노예로 팔려가게 될 터였다. 헥토르의 부모는 트로이의 안위라는 막중한 책임을 진 헥토르가 부디 마음을 다스리고 이제 그만 물러나주기를 바랐다.

> 그러나 헥토르는 부모의 간절한 바람에 귀를 기울이지 않고, 스카이아 성문 옆에 수문장처럼 지키고 서서 아킬레우스를 기다렸다. 헥토르는 자신의 죽음과 트로이의 멸망을 직감했다. 하지만 여기서 도망치면 자신의 명예가 손상된다. 지금은 내가 죽을 때다. 헥토르는 비장한 각오로 아킬레우스의 창을 향해 돌진했다.
>
> 호메로스, 《일리아스》 22권 25~30

> 아킬레우스의 어머니이자 여신인 테티스는 아들에게 운명의 갈림길이 기다린다고 예언했다. 트로이 땅에 머물면 고향으로 돌아갈 수는 없지만 영원한 명예를 얻을 수 있고, 조국으로 돌아오면 명예는 잃지만 급사를 면하고 장수하는 축복을 누릴 수 있으리라는 예언이었다.
>
> 호메로스, 《일리아스》 9권 410~416

아킬레우스는 당연히 영원한 명예를 선택했다. 그에게 아무것도 하지 않고 그저 오래 살기만 하는 인생은 아무 의미가 없었기 때문이다. 언젠가 죽어야 하는 인간에게 인생의 의미는 하나라도 혁혁한 업적을 세우는 데 있다. 호메로스의 영웅에게 업적이란 곧 전사로서의 공적을 말한다.

영웅주의의 시대가 지나면 업적은 개인적 성취로 국한되지 않고 다양한 범위로 확장된다. 호메로스 시대의 영웅들이 목숨과 맞바꾸어 얻고자 했던 공적은 아곤agon(경쟁 또는 투쟁) 정신 속에 면면히 살아 숨 쉬며 형태를 바꾸어 대물림된다. 올림피아 제전을 기념해 열리는 운동경기에서 각종 시와 극작품 경연에 이르기까지 그리스 문화의 특징을 뚜렷하게 보여주는 아레테의 발현으로 확실하게 나타난다.

페리클레스Perikles(기원전 495?~429. 고대 그리스 아테네의 정치가이자 군인. 민주정치를 실시하고 '델로스 동맹Delian League'을 이끌어 그리스를 번영시켰으며, 파르테논 신전을 건립하는 등 아테네의 황금시대를 이룩했다_옮긴이)는 한 추도 연설에서 아테네의 위대함을 다양한 관점에서 이야기했다. 아테네의 업적은 2,500년 전에 실제로 존재했다고는 믿기 힘들 정도로 찬란한 위업이다. 민주정치, 자유경쟁의 원리, 사생활 존중, 법치주의, 외국인에 대한 국토 개방, 이성주의, 경기와 제전 등으로 구현된 여유 있는 생활 등이 모두 아테네인이 이룩한 위업이다. 페리클레스는 연설을 마무리하며 이렇게 말했다.

> 우리의 모험심은 온 바다와 육지에 미치며, 우리는 가는 곳마다 미와 선의 영원한 기념비를 건립했다.

투키디데스Thucydides(기원전 460?~400?), 《역사》 2권 41

민주정치와 법치주의를 확립하고 땅끝까지 이상을 펼치겠다는 그리스인의 사상은 미와 선의 영원한 기념비를 건립함으로써 구체적인 모양을 갖추었다. 그리스의 영웅주의는 개인적 업적이라는 좁은 틀에서 벗어나 보편적 가치의 확립으로, 더 나아가 소크라테스 철학과 같은 내면의 진리를 탐구하는 철학으로 발전하고 심화되었다.

3장 | 그리스 비극, 인생의 의미를 노래하다

그리스 비극의 탄생

그리스 비극은 뛰어난 민주사회였던 아테네를 모태로 탄생했다. 아테네인은 정치 및 사회생활 전반에서 시민의 평등을 실현하기 위해 기득권을 가진 특권 계급과 독재 권력에 맞서 싸웠고, 모든 시민의 자유와 평등을 위해 분투했다. 시민권을 획득하기 위한 투쟁이 끝나갈 무렵, 그리스 비극이 성립되었다.

그리스 비극은 인간과 인생의 의미를 철저하게 추구했는데, 이런 특징은 민주주의를 이끌어낸 자유·비판·독립·관용의 정신과 떼려야 뗄 수 없는 관계에 있다. 페르시아 전쟁에서 승리를 거두고 민주

아테네의 '디오니소스 극장' © bajars/shutterstock.com

주의로 나아가던 아테네의 열띤 문화적 흥분은 인간 영혼의 가장 깊은 곳을 철저하게 탐구하는 그리스 비극을 탄생시킨 에너지였다.

그리스의 도시국가에는 대부분 극장이 있었고, 극장에서는 전통 종교극과 다양한 연극이 수시로 상연되었다. 그러나 그리스 비극은 오직 아테네에서만 무대에 올랐던 아테네인의 전유물이었다. 그리스 비극 작가들은 혁신적 창조자로, 권력자나 사제의 눈치를 보지 않고 인간의 운명을 음미하고, 독창적인 세계관을 설파했다. 아이스킬로스, 소포클레스Sophocles(기원전 496?~406. 그리스 비극을 기교적·

형식적으로 완성했다. 작품으로 《안티고네Antigone》, 《오이디푸스 왕Oedipus the King》 등이 있다_옮긴이), 에우리피데스Euripides(기원전 484?~406? 작품으로 《트로이의 여인들The Trojan Women》, 《바코스의 여신도들The Bacchae》 등이 있다_옮긴이)는 가장 위대한 비극 시를 남긴 3대 작가지만, 그들이 지은 약 300편의 비극 중 지금까지 전해지는 작품은 고작 33편에 불과하다. 비록 소수의 작품만이 세월의 풍파를 이겨내고 살아남았지만, 덕분에 우리는 시간이 선별한 가장 뛰어난 작품만을 향유할 수 있게 되었다고도 볼 수 있다.

죄와 벌의 굴레에 종지부를 찍다

아이스킬로스는 주로 정의 문제에 사색을 집중했던 비극 작가다. 특히 《오레스테이아》 3부작은 그의 정의관을 가장 잘 보여주는 작품이다.

1편 《아가멤논》은 클리타임네스트라가 남편인 아가멤논을 살해하는 이야기를 다루고 있다. 이 살인 사건은 필연적으로 일어나야만 하는 인과응보의 원리에 따라 발생한다. 아가멤논은 피붙이를 살인하는 패륜을 저지른 가문의 후손으로, 가문의 업보를 짊어지고 태어난다. 아가멤논의 아버지 아트레우스Atreus는 동생 티에스테스Thyestes와 왕위 쟁탈전을 벌인다. 이 과정에서 동생의 음모로 친아들을 죽인 아트레우스는 복수를 위해 동생의 두 아들을 죽인 다음 살코기라고 속여 먹인다. 이 가증스럽고 파렴치한 악행은 나중에 티에스테스의 아들 아이기스토스가 클리타임네스트라의 정부가 되어 둘이 힘을 합쳐 아가멤논을 살해하는 빌미가 된다.

우리의 인생에는 무겁고 확고한 법칙이 작용한다. 자신이 속해 있는 가문이나 공동체가 저지른 죗값을 치러야 하는 연좌제緣坐制의 법칙이다. 아버지 아트레우스가 저지른 죄의 대가는 아들 아가멤논이 그대로 받게 되어 있다. 그러나 아가멤논 역시 무고한 인물은 아니다. 그는 조상이 저지른 죄 위에 또 다른 죄업을 더했다. 아가멤논은 트로이 전쟁 때 그리스군의 총지휘관으로 출진했는데, 여신 아르테미스의 노여움을 사 출항하지 못하자 여신의 노여움을 풀기 위해 친딸 이피게니아Iphigenia를 죽여 제물로 바친다. 딸을 잃은 클리타임네스트라의 가슴속에는 남편을 향한 증오의 불길이 활활 타올라 영원히 꺼지지 않았고, 결국 트로이 전쟁에서 개선한 남편은 아내의 손에 목욕탕에서 허무하게 최후를 맞이한다.

《아가멤논》에 이어지는 3부작의 2편《제주를 바치는 여인들Choephoroi》은 복수를 주제로 한 비극이다. 남편을 살해한 클리타임네스트라는 아이기스토스와 손잡고 왕위를 찬탈해 아르고스 왕국을 다스린다. 친아버지를 살해하고 다른 남자와 맺어진 어머니를 증오하는 아들 오레스테스는 국외로 추방되고, 딸 엘렉트라Electra는 노예로 전락한다. 그러나 몰래 다시 국내로 돌아온 아들은 딸과

협력해 어머니를 죽음으로 단죄한다. 오레스테스는 정의의 이름으로 아버지의 원수를 갚으라는 아폴론의 신탁을 받았다. 즉, 오레스테스의 패륜 범죄는 복수라는 의미에서의 정의가 요구한 정당한 행동인 셈이다.

하지만 무릇 사람으로 태어나 자신을 낳아준 어머니를 죽인 패륜을 저지르고 아무 일 없이 살 수는 없는 노릇이다. 오레스테스 앞에 피눈물을 흘리는 복수의 여신들이 나타난다. 무수히 많은 뱀으로 이루어진 머리카락과 멧돼지의 어금니를 가졌다는 고르곤Gorgon 세 자매처럼 무시무시하고 흉측한 몰골을 한 에리니에스Erinyes의 대군이다. 오레스테스는 복수의 여신들에게 밤낮으로 시달리며 끝없는 절망의 나락으로 떨어진다. 무한히 증식하는 죄와 벌의 굴레에 어떻게 종지부를 찍을 수 있을까?

3편《자비로운 여신들Eumenides》은 이 끝없는 악행의 고리를 끊기 위해 아이스킬로스가 제시한 해결책에 해당한다. 복수의 여신들에게 쫓겨 몸과 마음이 피폐해진 오레스테스는 구원을 찾아 아테네 아크로폴리스에 있는 아테나Athena 여신의 신전으로 도피한다. 아테나 여신은 재판을 열어 시민으로 구성된 배심원단에게 오레스테스가 유죄인지 무죄인지 판결하게 했고, 재판 결과, 오레스테스는 유죄와 무죄에서 같은 수의 표를 받는다. 그리고 재판장인 아테나가 무죄에 한 표를 던져 결국 오레스테스는 무죄 판결을 받는다.

이 결말에는 두 가지 의미가 담겨 있다. 첫째, 용서에 의한 복수의 종결이다. 한때 저지른 악행이 불러온 거듭되는 복수의 고리는 무조건적인 용서 없이는 종결되지 않는다. 오레스테스의 무죄 방면은 이런 의미에서 용서에 해당한다. 그리고 이 용서가 아테네 법정에서 내려진 판결이라는 점에 두 번째로 중요한 의미가 담겨 있다. 아이스킬로스는 작품의 결말, 즉 정의를 민주주의 원리가 작동하는 아테네 법정의 판단에 맡겼다. 다시 말해, 신만이 결정할 수 있던 정의를 인간이 판단할 수 있게 한 것이다. 인간의 판단력과 아테네 민주주의에 대한 아이스킬로스의 크나큰 신뢰가 담긴 작품이라고 할 수 있다.

운명과는 싸우지 말자

비극적인 아이러니란 무엇일까? 원래 아이러니란 이중 구조의 대사를 일컫는 말이다. 즉, 하나의 대사가 두 가지 상반된 의미를 함축하고 있는 상황을 가리킨다. 극단적인 경우, 일부러 반대되는 말을 사용해 특정한 상황을 암시하기도 한다. 예를 들어, 상대방이 어리석기 짝이 없는 주장을 했을 때, "거참, 멋들어진 의견일세" 하고 치켜세우듯 비아냥거리는 경우다.

그렇다면 비극과 아이러니에는 어떤 상관관계가 있을까? 비극이란 영광의 정점에서 절망의 나락으로 추락하는 과정을 담은 이야기다. 비극 작품에서의 추락은 영광의 자리에 올랐던 자가 큰 실수를 저질러 비참한 신세로 몰락하는 상황과는 다르다. 비극에서의 추락은 '영광이 동시에 비참인' 상황을 폭로한다. 비참한 삶은 영광이라는 허울을 뒤집어쓴 환상이며, 이 구원할 길 없는 이중 구조를 폭로하는 것이 비극의 속성이다. 비극은 인간의 존재 자체가 아이러니라는 뜻을 내포하고 있다.

한 예로, 소포클레스의 《트라키스 여인들Trachiniai》이라는 비극을 살펴보자. 이 작품은 갖가지 난관 끝에 헤라클레스Herakles에게 약속된 안식이 죽음이라는 아이러니를 보여준다. 아무리 무시무시한 괴물도 손끝 하나 대지 못할 정도로 무적이었던 영웅이 연약한 아내 데이아네이라Deianeira의 손에 속절없이 무너진다. 이 파국도 그녀가 헤라클레스를 열렬히 사랑했기 때문에 일어난 비극이다. 아내의 헌신과 사랑이 남편의 죽음을 불러온 셈이다(헤라클레스의 아내 데이아네이라는 네소스Nessos의 간계에 넘어가 남편을 죽게 만든다. 네소스는 반인반마의 켄타우로스로, 데이아네이라를 겁탈하려다 헤라클레스의 손에 죽는다. 네소스는 죽기 전에 자신의 피를 받아두었다가 남편의 사랑이 식었을 때 그의 옷에 바르면 남편의 사랑이 돌아온다는 거짓말을 남긴다. 하지만 히드라의 독이 묻은 화살을 맞고 죽은 네소스의 피에는 독이 들어 있었다. 데이아네이라는 남편의 사랑을 얻기 위해 헤라클레스의 셔츠에 네소스의 피를 묻혔고, 헤라클레스는 살갗이 불타는 고통을 견디다 못해 결국 장작더미 위에 누워 스스로의 몸에 불을 붙인다_옮긴이).

이처럼 아이러니는 인간의 의도적인 노력이 뜻하지 않은 결과나 완전히 상반되는 결과를 낳는다는 점에서 말 그대로 비극적 아이러니라고 할 수 있다. 소포클레스의 비극은 사상적 밑바탕에서부터 비극적 아이러니로 가득하다. 이어서 살펴볼 《오이디푸스 왕》은 아이러니를 치밀한 구성으로 그려낸 작품으로, 소포클레스가 묘사한 인간상의 전형을 매우 분명하게 보여준다.

테베Thebes의 왕 라이오스Laius는 이오카스테Iocaste와 결혼해 아기를 얻는다. 그런데 이 아기가 자라 아버지를 살해하고 어머니와 결혼하게 될 운명이라는 아폴론의 신탁이 내린다. 라이오스는 이 운명에서 벗어나기 위해 양치기에게 갓 태어난 아기를 들짐승의 먹잇감이 되게 산속에 버리고 오라는 명령을 내린다. 아기를 산속으로 데려간 양치기는 차마 아기를 산속에 홀로 내버려둘 수 없어 머뭇거리다 우연히 이웃 나라 코린토스Korinthos의 양치기를 만난다. 코린토스의 양치기는 갓난아기를 넘겨받아 자식이 없어 고민하던 코린토스의 왕 폴리보스Polybus에게 바쳤고, 왕은 아기에게 오이디푸스라는 이름을 지어주고 정성껏 키운다. 이것이 사건의 발단이 된다.

자신이 양아들인 줄 모른 채 코린토스의 왕자로 자라난 오이디푸스는 어떤 사건을 계기로 스스로의 태생에 의문을 품고 델포이의 아폴론 신전을 찾아가고, 그곳에서 '아비를 죽이고 어미를 범할 자'라는 신탁을 받는다. 끔찍한 신탁에 놀란 오이디푸스는 부도덕한

델포이의 '아폴론 신전' © krechet/shutterstock.com

운명에서 벗어나기 위해 정든 코린토스를 버리고 이웃 나라 테베로 망명길에 오른다. 테베로 향하던 오이디푸스는 국경 근처의 고갯길에서 거만한 노인과 그를 호위하는 무리를 만나 모욕을 당하고, 급기야 노인을 죽이고 만다. 그런데 그 노인이 바로 오이디푸스의 친아버지이자 테베의 왕인 라이오스였다. 당시 테베에는 스핑크스라는 괴물이 지나가는 사람들에게 수수께끼를 내고 풀지 못하면 잡아먹는 일이 종종 일어나 나라가 뒤숭숭했고, 라이오스는 신의 뜻을 묻기 위해 델포이로 향하던 중이었다.

자신이 죽인 노인이 친아버지인 줄 까맣게 모르는 오이디푸스는 테베로 들어가 스핑크스의 수수께끼를 풀어 스핑크스를 물리친다. 그리고 그 공을 인정받아 죽은 라이오스를 대신해 왕이 된다. 왕위에 오른 오이디푸스는 친어머니이자 왕비인 이오카스테의 남편이 된다. 신탁을 피하기 위해 백방으로 기울인 노력이 역설적으로 착실하게 신탁을 실현하는 현실로 나타난 것이다.

그런데 오이디푸스가 왕위에 오른 후 테베 전역에 갑작스레 역병이 번진다. 오이디푸스는 역병으로부터 국민을 구할 방법을 찾기 위해 델포이의 아폴론 신전을 찾는다. 그리고 '선왕을 살해한 범인을 찾아내 그자를 처벌하라. 그자가 테베를 덮친 재앙의 근원이다'라는 신탁을 받는다. 신탁을 받은 오이디푸스는 신과 국민 앞에서 범인을 찾기 위해 모든 노력을 다하겠노라고 맹세한다.

이 대목에서 라이오스를 살해한 당사자인 오이디푸스가 살인범을 찾아 나서는 아이러니 구조가 펼쳐진다. 이 아이러니는 다음과 같은 대사에서도 드러난다.

> 그대들이 모두 고통받고 있음을 잘 알겠소. 하지만 그대들이 아무리 고통받는다 하더라도 나만큼 고통받는 사람은 아무도 없을 것이오.
>
> 소포클레스, 《오이디푸스 왕》 59~61

이는 오이디푸스가 국왕으로서 테베에 번진 재앙의 근원을 추적하여 제거해야 하는 막중한 책임감을 토로하기 위해 내뱉은 대사다. 그러나 오이디푸스의 운명을 알고 있는 관객이나 독자에게는 다른 의미로 다가온다. 이처럼 당사자의 의도와는 전혀 다른 의미를 숨기고 있는 이중 구조의 대사는 작품 곳곳에 흩어져 있다. 이는 단순히 작가가 예술적 기교를 부려 만들어낸 장치가 아니라, 오이디푸스라는 한 인간이 아이러니의 화신이기에 빚어진 현상이다. 오이디푸스는 정의의 수호자인 동시에 죄업의 화신이며, 민중의 구세주인 동시에 재앙의 원흉이다. 그의 삶은 자기모순의 생, 다시 말해 착각의 생인 것이다.

오이디푸스는 자신이 맹세한 대로 가차 없이 범인을 추적하고, 결국 자신을 둘러싼 진실과 마주하게 된다. 신탁이 실현되는 것을 피하기 위해 했던 그의 모든 노력이 사실은 그 반대로 신탁을 실현하기 위한 행위였음이 밝혀진다. 오이디푸스의 몰락을 목격한 테베의 장로들은 이렇게 노래한다.

> 대체 누가 행복으로부터, 잠시 나타났다 사라져버리는 행복의 그림자보다 더 많은 것을 얻는가? 불행한 오이디푸스여, 내 그대의 운명을 거울삼아 인간들 중 그 어느 누구도 행복하다고 기리지 않으리라!

소포클레스, 《오이디푸스 왕》 1189~1192

장로들의 탄식에는 오이디푸스 정도의 인간에게도 행복이 환상에 지나지 않는다는 암시가 녹아들어 있다. 오이디푸스야말로 일개 여행자에서 왕좌에 오른 입지전적 행운의 총아가 아니던가? 그는 역경을 극복하고 성공의 절정에 선 노력하는 인간이었다. 그러나 그 모든 노력이 허상에 지나지 않았다.

바티칸박물관의 '벨베데레Belvedere의 아폴론'
© pandapaw/shutterstock.com

이 비극의 공포는 오이디푸스의 파멸이 도저히 피할 길이 없는 운명이라는 데 있다. 오이디푸스는 죄를 범했기 때문에 파멸한 것이 아니다. 그에게는 아무 죄도 없다. 그는 자신을 낳아준 아버지인 줄 모르고, 그것도 정당방위로 노인을 죽였다. 그의 근친상간 역시 의도적인 것이 아닌 이상 법적으로도 윤리적으로도 죄를 물을 수 없다. 아니, 죄를 논할 계제가 아니다. 오이디푸스가 일련의 사건을 일으킨 것은 그가 신탁이 실현되는 것을 피하기 위해 벌인 노력이며, 그가 도덕적으로 고결한 인간이기 때문에 일어난 비극이라고 말할 수 있을 것이다.

그렇다면 죄가 없는 오이디푸스는 비참하지 않다고 말할 수 있을까? 그가 결백하건 결백하지 않건, 책임이 있건 없건, 그는 아버지를 살해하고 어머니를 범한 순간 지옥으로 떨어졌다. 우리의 기대를 번번이 저버리고 허를 찌르는 비극의 참뜻, 이유 없이 오이디푸스를 비참한 나락으로 떨어뜨리는 것, 그것을 호메로스는 '신'이라 말한다.

> 신의 음흉한 계략으로 오이디푸스는 고통을 짊어지고 테베를 다스리게 되었다.
>
> 호메로스, 《오디세이아》 11권 275~276

신이 만들어낸 가혹한 운명에 대해 오이디푸스는 "벗들이여, 아폴론, 아폴론, 바로 그분이시오, 내게 이 쓰라리고 쓰라린 일이 일어나게 하신 분은"(소포클레스, 《오이디푸스 왕》 1329~1330)이라고 외친다. 그의 독백처럼 오이디푸스의 비참한 삶은 아폴론의 신탁이 이끄는 대로 이루어졌다. 그렇다면 작품 속에서 아폴론의 신탁으로 형상화된, 호메로스가 말하는 신은 도대체 무엇을 암시하는 장치일까?

인간은 스스로의 지성에 의지해 행동하는 존재지만, 우리의 지성은 편협하고 어둡다. 그러므로 인생에서 자신이 의도한 행위가 미칠 파급 효과를 꿰뚫어 볼 수 없다. 인간의 행위가 예기치 못한 치명적인 결과가 되어 부메랑처럼 돌아오는 것은 인간의 지성과 힘이 유한하기 때문에 벌어지는 필연이다. 신이란 비참한 결말을 통해 우리 인간이 언젠가 죽어야 하는 존재임을 일깨우는 자다. 신이 빚어낸 이 가혹한 운명에서 이 세상과 존재의 어둠이 생겨나지 않았을까?

오이디푸스에게 묻는다면, 그는 "인간의 비극은 인간으로 태어난 자의 숙명이다"라고 답할 것이다. 소포클레스는 《오이디푸스 왕》의 속편 격으로 《콜로누스의 오이디푸스Oedipus at Colonus》라는 작품을 썼다. 이 작품에서 오이디푸스는 체념하며 말한다.

> 운명과는 싸우지 말자.
>
> 소포클레스, 《콜로누스의 오이디푸스》 191

> 신께서 강요하시는데도 제 운명에서 벗어날 수 있는 사람을 그대들은 이 세상에서 단 한 명도 발견할 수 없을 것이오.
>
> 소포클레스, 《콜로누스의 오이디푸스》 252~253

오늘날 오이디푸스는 프로이트 심리학 등에서 주목을 받으며 신성한 인물로 추앙받고 있다. 오이디푸스는 "내가 무언가를 하는 게 아니라, 그저 일어나야 할 일이 일어나는 법이다"라고 담담하게 읊조린다. 부조리한 운명을 있는 그대로 받아들인 자만이 할 수 있는 대사다. 이는 인간에 대해 내린 소포클레스의 결론이기도 하다.

4장 | 그리스인의 합리성, 철학을 낳다

철학의 탄생

그리스인은 기원전 8세기 무렵부터 왕성한 식민 활동을 벌여 에게 해 연안 곳곳에 도시국가를 건설했다. 기원전 6세기, 그리스의 도시국가들은 외국과의 중개무역 등으로 막대한 부를 축적하고, 문화적 번영의 정점에 도달했다. 21세기 현재에도 이들의 유적을 볼 수 있다. 수만 명을 수용할 수 있는 석조 극장이 지금까지 남아 관광객을 유혹하고 있으며, 정치를 논하는 회의장, 체육관 줄기둥, 기도와 희생제의(제물을 신 또는 초자연적 존재에게 바침으로써 신의 소유가 되게 하고, 그로써 거룩하게 만드는 행위_옮긴이)를 올리던 대신전도 남아

밀레투스의 원형극장 © Waj/shutterstock.com

있다.

당시 그리스인이 남긴 것은 웅장한 유적만이 아니다. 우리가 흔히 이야기하는 철학도 이 무렵에 시작되었다. 도시국가 중 하나인 밀레투스에 탈레스Thales(기원전 624~545. 자연철학의 시조로 불린다. 일식日蝕을 예언하고, 피라미드의 높이를 측정했으며, 밀레투스학파를 창시했다_옮긴이), 아낙시만드로스Anaximandros(기원전 610~546), 아낙시메네스Anaximenes(기원전 585?~525?)라는 세 현자가 출현한다. 이들은 호메로스와 헤시오도스에게서 볼 수 있는 신화적 표현을 거부하고, 만물의 근원과 불변하는 실체를 탐구했다.

만물이란 이 세상에 있는 각양각색의 존재로, 상호 간에 아무런 연관 관계 없이 무질서하게 존재하지 않는다. 밀레투스학파는 만물은 유일하고 단순하며 불멸하는 실체가 형태를 바꾸어 나타난 것이며, 실체에서 생겨나 실체로 돌아가는 것이라고 믿었다. 탈레스는 만물의 실체를 물로, 아낙시만드로스는 아페이론Apeiron(무한자. 규정할 수 없는 것)으로, 아낙시메네스는 공기로 보았다.

이들의 답이 옳은지 그른지는 문제가 되지 않는다. 그보다는 불멸하는 실체에 대한 탐구, 복잡한 현상을 단순한 실체로 환원하는 사고, 회의적인 신들의 변덕스러운 개입을 배제하고 현상의 운동을 '비인칭적 법칙(주어와 서술자 등을 완전히 배제한 객관적인 법칙_옮긴이)'으로 설명하려는 합리성에 주목해야 한다. 이 합리성 속에서 '철학'이 탄생했다.

크세노파네스, 신을 말하다

크세노파네스(기원전 560?~478?)는 주로 신에 관해 사색하며 호메로스와 헤시오도스 등의 회의적 신관을 날카롭게 비판했지만, 정작 그의 사상은 고향 이오니아에서 일어난 새로운 자연학에서 많은 영향을 받았다.

원래 이오니아 지방의 자연철학자들은 궁극적 실체에 '불사', '불멸', '만물 포괄', '만물 관장' 등의 수식어를 부여했다. 이들 수식어는 과거 올림포스 신들에게 주어졌던 '신의 본성적 특징'이기도 했다. 그렇게 볼 때, 이오니아 자연철학자들은 "자연의 실체가 곧 신이다"라고 주장한 셈이다. 자연이 곧 신이라면 신의 존재를 의심할 수 없다. 신은 자연의 모습으로 우리 주위에 이미 존재하고 있기 때문이다.

신의 개념을 새로이 정립한 크세노파네스
© Renata Sedmakova/shutterstock.com

그런 영향 덕분에 크세노파네스에게는 '신은 곧 정신적 존재'라는 새로운 통찰이 생겨났다. 크세노파네스의 사상은 이오니아의 계몽적 지성 속에서 무르익어, 회의적 신관과 일맥상통하지만 노선을 달리하는 새로운 비판적 철학으로 다시 태어났다.

만약 소와 말, 사자에게 손이 있다면, 또한 손으로 그림을 그리고 사람이 만드는 것과 같은 작품을 만들어낼 수 있다면, 말은 말의 형상을 닮은, 소는 소의 형상을 닮은 신의 모습을 그릴 것이고, 각자 자신의 몸과 같은 신의 형상을 빚을 것이다.

크세노파네스(알렉산드리아의 클레멘스Titus Flavius Clemens, 《학설집Tōn Kata tēn atēthē philos phian gnōstikon hypomnematōn Strōmateis》 5권 109. 3)

호메로스와 헤시오도스는 인간의 속성 중 비난받고 흠잡아 마땅한 모든 것, 즉 도둑질, 간통, 속임수를 신에게 부여했다.

크세노파네스(섹스투스 엠피리쿠스Sextus Empiricus, 《학자들에 대한 반박Adversus mathematicos》 9권 193)

앞서 호메로스를 다루면서 이야기했듯, 그리스인은 신을 인간 본성의 전형으로 만들었다. 그래서 그리스 신화에 등장하는 신의 생활과 행위에는 인간의 장점과 단점이 고스란히 드러난다. 크세노파네스는 인간의 형상을 하고 인간의 속성을 지닌 신이라는 이전 시대의 신관에 반기를 들었다. 그는 인간이 신을 인간적인 형상으로 창조했다고 주장했다. 그의 주장이 옳다면, 소에게는 소가 신이고, 말에게는 말이 신이라는 논리 역시 성립한다. 이 신랄한 부조리는 그리스인의 회의적 신관에 일격을 가했다. 그렇다면 크세노파네스가 생각하는 참된 신의 모습은 무엇일까?

유일한 존재인 신과 인간을 구분하는 가장 큰 특징은 겉모습이나 사고방식이 아니다. 신은 죽어야 하는 운명을 타고나는 인간과는 절대 닮을 수 없다.

크세노파네스(알렉산드리아의 클레멘스, 《학설집》 5권 109. 1)

신은 전체로서 보고, 전체로서 생각하며, 전체로서 듣는다.

크세노파네스(섹스투스 엠피리쿠스, 《학자들에 대한 반박》 9권 144)

크세노파네스는 회의적 신관을 부정함으로써 새로운 신의 개념을 정립했으며, 차차 신의 초월성, 정신성, 유일성을 강조하는 방향으로 사상을 발전시켜 나갔다. 크세노파네스의 작품에는 훗날 아리스토텔레스Aristoteles(기원전 384~322)가 탄탄한 논리로 뒷받침한 '부동의 동자Unmoved Mover(자신은 움직이지도 변화하지도 않으면서 다른 존재를 움직이고 변화시키는 존재라는 뜻으로 아리스토텔레스가 규정한 개념. 원동자原動子라고도 한다_옮긴이)'라는 개념을 예감케 하는 실마리가 엿보인다. 크세노파네스를 거쳐 밀레투스의 이성주의는 신이라는 개념을 학문적으로 승화시켰다.

파르메니데스, '생각이 곧 존재다'

이탈리아 남부의 그리스 식민도시 엘레아Elea는 파르메니데스Parmenides(기원전 515?~450?)의 명성 덕분에 후세에 길이 이름을 남긴다.

> 이 곶을 끼고 돌아가면 또 다른 만이 잇닿아 있고, 거기에 한 도시가 있다. 그곳으로 이주하여 도시를 세운 포카이아인은 '휘엘레'라고 불렀고, 어떤 이들은 샘의 이름을 따서 '엘레'라고 불렀으며, 요즘 사람들은 '엘레아'라고 부른다. 피타고라스학파인 파르메니데스와 제논이 이 도시에서 태어났다. 내가 보기에 그들 덕분에, 그리고 그보다 훨씬 이전에도 이 도시는 좋은 법으로 다스려진 것 같다.
>
> 스트라본Strabon, 《지리지Geographica》 6권 1. 1

파르메니데스는 자신의 사상을 논문 대신 서사시 형식으로 표현했다. 그리고 서시 부분을 호메로스와 헤시오도스를 본떠 신화적 표상으로 가득한 종교적 분위기로 연출했다. 이런 표현 방식은 서시에 이어 전개될 사상이 일상적 세계의 상식을 넘어서는 비밀스러운 의식의 세계에 속한다는 것을 암시하기 위한 일종의 장치였다. 그는 자신이 이제까지 그 누구도 가보지 못한 진리에 도달했다고 믿었다.

그는 자신의 작품이 인간 파르메니데스가 쓴 것이 아니라 여신의 계시로 술회된 계시록이라고 굳게 믿었던 모양이다.

파르메니데스가 도달한 진리란 존재의 불생불멸不生不滅과 유일불가분唯一不可分의 이치다. 우리의 감각은 우리 주변의 세계가 끊임없이 변화하는 역동적이고 다채로운 세계라고 느끼게 하지만, 감각이 보여주는 모습은 허상에 불과하다. 참된 존재라면 모름지기 시간을 초월한, 불변부동不變不動하는 단일한 것이어야 한다(파르메니데스의 존재관은 이후 유럽 존재론의 기본 원칙이 된 결정적 주장이다).

그렇다면 어떻게 참된 존재를 증명할 수 있을까? 파르메니데스는 감각에 의지하지 않고 순수한 이성의 힘으로 사물을 통찰할 때 참된 존재를 밝힐 수 있다고 주장했다. 원래 '이성'을 뜻하는 'nous'의 활용형인 'noein'에는 '직관지直觀知(경험이나 추리에 의하지 않고 직관으로 사물을 인식하고, 옳고 그름을 판단하는 능력_옮긴이)'라는 의미가 포함되어 있다. 파르메니데스는 이러한 작용을 '감각적 현상을 초월해 사물의 참된 본성을 직접 파악하는 힘'이라고 생각해 특히 중요하게 여겼다.

'생각이 곧 존재다'라는 말로 유명한《단편들Parmenides fragments》에서 파르메니데스는 "이성으로 파악한 것만이 참된 존재"라고 이야기한다. 이러한 통찰은 유럽 근대 사상을 관통하는 초월론 철학의 기본 원리가 된 '사유와 존재의 동일성'이라는 사상에 결정적 실마리를 제공한 획기적인 주장이었다.

이제 파르메니데스의 논리를 간략히 살펴보자. 먼저 이론적으로 필연적인 진리로서 '존재하거나 존재하지 않는다'라는 두 가지 선택이 주어진다. 그중 '존재하지 않는다'라는 전제는 전제 자체가 전제의 성립을 부정한다. '존재하지 않는다'라는 전제는 말로 내뱉는 순간 무의미한 발언이 되고 만다. 그리스어에서는 '존재하지 않는 것을 말한다'라는 것이 '허튼소리nonsense를 한다'라는 의미의 관용구로, '존재하지 않는 것', 즉 '무無'라는 말은 말 그대로 '허튼소리'가 되어버린다.

그렇다면 두 가지 선택 사항 중 남은 항목인 '존재한다'를 택하면 어떨까? '존재한다'라는 말은 단순히 논리적인 전제를 넘어선 것이다. '존재한다'라는 말은 우리의 의식에 계시처럼 직접 주어진 것으로, 철학에서는 '소여所與'라는 개념으로 설명하기도 한다. 이 '존재'의 탄생에 대해 파르메니데스는 묻지도 따지지도 말라고 엄명했다. 왜냐하면 애초에 '존재'가 '비존재(무)'에서 생겨났다고 가정할 수 없기 때문이다. '존재하지 않는 것'은 존재하지 않으므로 당연히 말할 수도 생각할 수도 없는, 현실에 존재하지 않는 무의미한 허상일 뿐이다. 그렇다면 '존재'는 '존재'에서 생겨났다고 생각해도 좋을까? 이 물음 역시 파르메니데스는 부정했다. 탄생하는 순간 생겨난 존재는 '이전에는 존재하지 않았다'라는 자가당착에 빠지기 때문이다.

따라서 '존재'는 생성될 수 없지만, 같은 이유로 사멸할 수도 없다. 만약 '존재'가 사멸한다면, '존재'가 '존재하지 않게' 되며, 그렇게 되면 또다시 모순에 빠진다. 다시 말해, 사멸하는 것은 처음부터 '존재'하지 않았으며, '존재'는 '존재'인 이상 오로지 '존재'할 뿐이다.

파르메니데스의 논리에 따르면, 존재에게는 과거도 미래도 아무런 의미가 없다. 다시 말해, 존재에게 시간은 의미를 상실한다. 생성하고 소멸하는 시간의 지배를 받는 세계는 존재하지 않는 비존재와 같다.

따라서 '존재'에는 정도의 차이가 있을 수 없다. 만약 정도의 차이가 있다면, 어떤 '존재'는 다른 '존재'에 비해 '존재하지 않는 것'이라는 자가당착이 마찬가지로 일어나기 때문이다. 그러므로 '존재는 존재하지 않는 것과 같은 정도로 존재한다'라는 논리가 성립한다. 이는 '존재는 모든 곳에서 동질하고, 분할할 수 없으며, 연속적이다'라는 말로도 바꾸어 말할 수 있다. 즉, '존재'는 떼려야 뗄 수 없는 연속적이고 단일한 물질로 가득 차 있다. 다시 말해, 공허한 것은 존재할 수 없다.

파르메니데스의 존재론이 밀레투스의 우주론 성립에 큰 타격을 주었음은 굳이 언급할 필요가 없을 정도다. 왜냐하면 참된 존재가 불생불멸, 불변부동, 불가분의 균질한 것이라면 생성하고 변화하는 다채로운 현상세계는 허상에 지나지 않기 때문이다. 이런 이유로 후대 자연철학자들에게는 파르메니데스의 존재 개념을 고수하면서 변화하는 자연 세계를 어떻게 설명할 것인가 하는 문제가 풀어야 할 숙제로 남았다.

데모크리토스, '영혼의 평정이 곧 행복이다'

엠페도클레스Empedocles(기원전 490?~430?)와 아낙사고라스 Anaxagoras(기원전 500~428)라는 두 명의 자연철학자가 있다. 이들은 파르메니데스의 존재 개념을 받아들여 궁극적 실재를 불변부동하는 것으로 보았다. 엠페도클레스는 궁극적 실재인 땅, 물, 불, 바람의 4원소가 합쳐지거나 흩어지면서 존재가 생겨나고 사라진다고 생각했다. 원소 자체는 그대로 있으면서 통합과 분리를 통해 세계를 만들어간다는 것이다. 아낙사고라스는 궁극적 실재를 무수하고 다양한 스페르마타spermata(종자)로 보았으며, 거대한 종자 집단에 이성의 힘이 작용하면 통합과 분리가 이루어져 물질이 형성된다고 설명했다. 이렇게 형성된 모든 물질에는 모든 종자가 포함되어 있으며, 그중 어떤 종자가 우세한가에 따라 물질마다 차이가 생긴다는 것이다.

이들의 견해에서는 궁극적 실재가 성질상의 차이를 유지하고 있어 '존재의 균질성(무질성無質性)'이라는 파르메니데스의 존재 개념을 철저하게 수용하는 데까지는 이르지 못했다. 파르메니데스의 사상을 철저하게 수용하고, 고대 자연학을 완성하며 더불어 근대 물리학에까지 이르는 노선을 개척한 이가 바로 데모크리토스 Democritos(기원전 460?~370?)다.

데모크리토스가 주장한 적극적으로 실재하는 '원자原子'는 파르메니데스의 '존재'와 마찬가지로 불생불멸할 뿐 아니라 균질한 것이기도 했다. 그러나 파르메니데스의 존재가 유일하고 거대한 충실체充實体(완전히 충실한 존재)인 데 반해 데모크리토스의 원자는 균질하지만 모양과 크기가 다른 무수한 충실체가 끝없는 허공 속을 날아다닌다.

> '어떤 것'이 아무것도 아닌 것보다 더 존재한다고는 할 수 없다. 허공도 자연의 일부이며, 나름의 존립 이유가 있다.
>
> 데모크리토스(플루타르코스Ploutarchos, 《콜로테스에 대한 반박Adversus Coloten》 4권 1105)

이러한 발상은 파르메니데스의 속박에서 풀려나 우주론의 부활을 가능하게 한 혁신적 주장이다. 우리가 사는 현상세계의 수많은 사물은 무수한 원자의 통합과 분리를 통해 생성과 소멸을 반복한다. 색, 맛, 촉감 등의 여러 감각적 성질은 원자의 형태, 배열, 위치 등의 차이로 생겨나며, 우리의 주관적 인상에 지나지 않는다.

그렇다면 어떻게 이와 같은 세계가 생겨났을까? 통합하고 분리하는 원자의 운동은 어디에서 시작되었을까? 무엇이 이러한 운동에 최초의 충격을 가했을까? 플라톤의 저서 《파이돈Phaidon》에 따르면, 소크라테스가 제기하는 이와 같은 목적론적 의문에 데모크리토스는 "아무 원인도 없다"라고 답한다. 만물은 '필연적으로' 또는 '우연히' 생겨났다. 원자는 무궁한 과거에서 미래로 아무 목적 없이 움직일 뿐이다. 말하자면, 아낙사고라스의 '이성'과 같은, 물질 형성을 이끌어내는 기동인起動因을 문제 영역에서 배제함으로써 원자론자들은 자신들의 학문적 영역을 확보했던 셈이다.

지금까지 살펴본 바에 따르면, 원자론은 유물론(만물의 궁극적 실재를 물질이라고 보고, 마음 또는 정신은 물질에서 파생된 것이라고 보는 이론_옮긴이)적이며, 목적인目的因과 기동인을 배제한 필연론이다. 여기에 윤리가 끼어들 여지는 없어 보인다. 그러나 오늘날 전해지는 데모크리토스의 작품에서 엿보이는 모습은 매우 윤리적이다. 또한 작품의 내용 역시 윤리적 색채를 상당 부분 띠고 있다. 그렇다면 데모크리토스의 윤리의식은 인품과 지성에 뿌리를 두고 있으므로 유물론적 세계관과는 무관하다고 봐도 될까? 사실 윤리의식과 원자론 사이에 체계적 연관성이 없다는 점이 역으로 그의 윤리에 진정성을 부여했다고도 볼 수 있다.

행복과 불행은 영혼의 소관이다.

데모크리토스(스토바이오스Stobaios, 《선집Eklogai》 2권 7. 3i)

사람에게 가장 좋은 것은 가능한 한 유쾌하게, 그리고 괴롭지 않게 삶을 이끌어가는 것이다. 누구든 사멸하는 것에서 쾌락을 얻지 않는다면 그렇게 될 것이다.

데모크리토스(스토바이오스, 《선집》 3권 1. 47)

데모크리토스는 어떠한 영혼의 상태가 행복한 것이냐는 물음에 위와 같이 답했다. 이 유쾌함terpsis(쾌활, 평정)이라는 개념이야말로 데모크리토스 윤리의 중심, 즉 대들보 역할을 하는 개념이다. 그가 말하는 쾌락은 그저 먹고 마시는 것과 같은 말초적인 쾌락이 아닌, 조용하고 고상한 쾌락이다(이러한 사상은 나중에 "빵과 물만 있으면 최고의 쾌락을 맛볼 수 있다"라고 주장했던 헬레니즘 시대의 쾌락주의자 에피쿠로스Epicouros(기원전 341~270)가 고스란히 물려받았다).

먹고 마시는 것과 성행위에서 정도 이상으로 쾌락을 얻는 사람에게 쾌락은 짧고, 먹고 마시는 동안만 잠시 지속되며, 고통은 많아진다. 같은 욕구가 늘 그들 곁을 맴돌며 욕망이 충족될 때마다 곧바로 쾌락이 지나가버리고, 찰나의 즐거움 이외에는 어떤 유익한 것도 남지 않아 또다시 같은 것들을 필요로 하기 때문이다.

데모크리토스(스토바이오스, 《선집》 3권 18. 35)

유쾌함은 적당한 즐거움과 균형 있는 삶을 추구하는 사람에게 주어진다. 부족하거나 과도한 것들은 변화가 심해서 대개 영혼 안에 큰 변동이 생기게 한다. 큰 폭의 변동을 겪는 영혼들은 대개 불안정하며, 유쾌하지 않다.

데모크리토스(스토바이오스, 《선집》 3권 1. 210)

즉, 데모크리토스는 영혼이 동요 없이 평온을 유지하는 것이 쾌락이며, 그것이 곧 행복이라고 주장했다. 영혼의 평정은 과도한 쾌락을 피하고, 윤리적으로 올바른 생활을 하며, 육체보다 영혼에 더 비중을 두어야만 얻을 수 있다.

쾌활한 사람은 올바르고 적법한 행동을 하게끔 이끌리며, 밤낮으로 기뻐하고 강건하며 근심이 없다. 그러나 정의를 무시하고 마땅히 해야 할 일을 하지 않는 사람은 그런 일들을 불쾌하게 여기며, 그것들 중 어떤 것을 기억할 때마다 두려움에 빠지고, 자신을 질책한다.

데모크리토스(스토바이오스, 《선집》 2권 9. 3)

육체보다는 혼을 가치 있게 여기는 것이 사람들에게 적합하다. 혼의 완전함은 육체의 결함을 바로잡지만, 육체의 강함은 헤아림이 함께하지 않으면 혼을 조금도 더 낫게 하지 못하기 때문이다.

데모크리토스(스토바이오스, 《선집》 3권 1. 27)

데모크리토스 윤리의 바탕이 되는 것은 합리적인 정신과 강인한 극기심이다. 그의 사상 밑바탕에는 소크라테스의 윤리 안에서 불타오르는 이성을 향한 열정은 느껴지지 않지만, 가장 냉정한 지혜가 엿보인다.

최고의 소피스트, 프로타고라스

기원전 5세기 후반, 어림잡아 60여 년간 아테네는 소피스트sophist(기원전 5세기경 주로 그리스 아테네를 중심으로 활동했던 철학사상가이자 교사. 이들은 자유민으로서 교양이나 학예, 특히 변론술을 가르치는 일을 직업으로 삼았다_옮긴이) 운동의 중심지였다. 아테네의 정치가이자 군인으로 아테네의 황금시대를 이끌었던 페리클레스의 비호를 받아 그리스 각지에서 수많은 소피스트가 아테네로 몰려들었다. 들불처럼 번진 소피스트 운동에는 다음과 같은 사회적·정치적 배경이 있다.

이 무렵 아테네는 경제적 번영과 더불어 문화적·정치적으로도 눈부신 발전을 이룩했다. 지방의 일개 도시국가였던 아테네는 바야흐로 그리스 전체를 아우르는 아테네 제국으로 거듭나는 중이었다. 사회적·정치적으로 혁신의 시대였기에 아테네는 과거 어느 도시국가에서도 볼 수 없을 정도로 막대한 부를 축적했고, 지적·예술적 활동이 활짝 꽃을 피웠다.

아테네의 정치 체제는 기원전 5세기 초엽부터 서서히 민주화의 방향으로 진로를 틀어 5세기 후반에 이르러 드디어 완전한 민주주의 체제에 도달했다. 아테네 민주제의 기본 원리는 '시민 민주주의'다. 아테네인은 권력이 몇몇 뛰어난 사람이 아닌 민중 전체의 손에 있어야 한다는 사상을 발전시켜 처음으로 입법·사법·행정의 권력을 특정한 소수가 아닌 가능한 모든 시민에게 제도적으로 개방했다.

아테네에서 민주제가 무르익으며 유능한 인물이 정치 무대에서 자유롭게 활약할 가능성이 열리자 소피스트가 등장한다. 소피스트가 아테네인에게 제공한 교육은 기초적인 초등교육이 아니었다. 정치와 공공생활에 진출하려는 사람들에게 유용한 일종의 고등교육으로, 고도의 인생관 또는 세계관 교육에 해당하는 것이었다. 따라서 소피스트 교육의 핵심은 자연스럽게 정치적 변론 기술, 즉 변론술이 되었다.

그러나 소피스트는 변론술 외에도 지식론, 윤리적 가치의 기초, 국가사회의 성립 근거, 신학, 종교 성립의 수수께끼 등 방대한 지식을 다루었다. 소피스트는 이성의 힘으로 기존의 체제와 관습을 비판하고, 종교와 도덕을 재검토한 고대의 계몽사상가들이며, 철학의 방향을 자연 탐구에서 인간 탐구로 전환해 근대 철학의 발판을 마련한 선구자들이었다.

소피스트 중에서도 특히 돋보이는 걸출한 철학자로 프로타고라스Protagoras(기원전 485?~410?)를 들 수 있다. 프로타고라스의 말 중 사람들에게 널리 알려진 유명한 구절이 있다.

> 인간은 만물의 척도다. 존재하는 것에 대해서는 존재한다는 것의 척도이고, 존재하지 않는 것에 대해서는 존재하지 않는다는 것의 척도인 것이다.
>
> 프로타고라스, 《진리Aletheia》

프로타고라스는 인간이 사물의 존재와 비존재의 척도라고 주장하지 않는다. 그는 사물이 어떤 식으로 존재하는지가 사물의 존재를 가늠하는 척도라고 말한다. 플라톤은 《테아이테토스Theaitetos》에서 이를 바람에 비유해 설명했다. 바람에는 차가운 바람과 따뜻한 바람이 있다. 같은 바람이라도 어떤 사람에게는 차갑게 느껴지고, 어떤 사람에게는 따뜻하게 느껴진다. 결국 바람이 어떤 존재인지는 바람 자체가 아니라 바람을 느끼는 각자의 지각에 달린 일이라는 것이 플라톤의 주장이다.

위의 말을 통해 프로타고라스가 주장하려는 요점은 진리상대주의 또는 인간중심주의다. 그는 사물의 존재가 그것을 지각하는 인간의 의식과 관련이 있다면, 인간을 떼어놓고 사물 그 자체의 존재를 이야기하는 것은 무의미하다고 역설했다.

프로타고라스의 입장에서 진리란 객관적이거나 절대적인 것이 아니다. 진리란 우리가 각자 느끼고 생각하는 것이다. 바람의 예가 보여주듯, 모든 사물은 사람들에게 각기 다르게 나타나므로 진리는 사람에 따라 제각각 달라진다.

그러나 절대적인 진리가 존재하지 않는다면 어떠한 비판이라도 동등한 가치를 지니며, 지혜로운 자와 어리석은 자의 구별도 불가능하다. 게다가 인간에게 보이는 것이 인간에게 진리이고, 돼지에게 보이는 것이 돼지에게 진리라면 인간의 판단과 돼지의 판단을 두고 우열을 논할 수 없다. 이러한 지적은 프로타고라스의 주장에 대한 플라톤의 비판 중 하나다(플라톤, 《테아이테토스》 161C). 플라톤은 상대주의에서 필연적으로 유발되는 약점을 지적했다.

이러한 비판에 프로타고라스는 어떻게 답했을까? 프로타고라스는 누구의 비판도 진리라는 점에서는 가치가 있지만, 좋은 판단과 나쁜 판단이 존재하기 때문에 지혜로운 자와 어리석은 자의 구별이 가능하다고 답했다. 예를 들어, 어떤 음식이 병자에게는 쓰게 느껴지고 건강한 사람에게는 달게 느껴진다면, 두 사람의 감각은 진리로서 동등한 자격을 지닌다. 그러나 건강한 사람의 몸 상태를 정상으로 볼 수 있으므로 '이 음식은 달다'라는 판단이 옳다. 따라서 사람과 사람 사이에는 지성의 우열이 존재하며, 거짓을 믿는 사람은 단 한 사람도 없다(플라톤, 《테아이테토스》 166D~167D).

우리가 프로타고라스의 논리가 과연 옳은지 그른지를 논할 필요는 없다. 그는 옳고 그름 대신 판단의 근거가 되는 객관적 척도를 두어야 한다고 주장했다. 이러한 주장은 상대주의의 자가당착을 피하려는 시도로, 이론적으로 모순이 있는지 없는지는 논외의 문제다. 우리는 프로타고라스의 사상이 오늘날의 실용주의pragmatism(19세기 후반 미국을 중심으로 전개된 현대 철학 사조. 그리스어인 'prágma'에서 나온 말로, 원래 '행동'이나 '실행'을 뜻한다_옮긴이) 진리관으로 이어지는 '생을 위한 지知'라는 사상의 원류를 이룬다는 점에 주목해야 할 것이다.

5장 | 어떻게 살 것인가?

소크라테스의 질문

소크라테스Socrates(기원전 469?~399)는 어느 날, 제자이자 친구인 카이레폰Chaerephon을 통해 델포이의 아폴론 신전에서 '소크라테스 이상의 현자는 없다'라는 신탁을 받았다. 신탁을 받은 소크라테스는 이렇게 자문했다고 한다.

> 신께서 무슨 말씀을 하시는 것일까? 그 수수께끼는 대체 무슨 뜻일까? 내가 큰일이든 작은 일이든 매사에 지혜롭지 못하다는 것은 내가 더 잘 아는데, 신께서는 대체 무슨 뜻으로 내가 세상에서

가장 지혜로운 자라고 말씀하신 것일까? 신께서 거짓말하셨을 리는 없다. 그분답지 못한 짓이니 말이다.

플라톤, 《소크라테스의 변론Apologia Sokratous》 21B

소크라테스는 신탁의 수수께끼를 푸는 일이 신이 자신에게 부여한 천직이라고 이해했다. 신은 결코 거짓말하지 않기 때문이다. 그는 무지한 자신을 '최고의 현자'라고 이야기한 얼핏 모순된 신탁에는 분명 무언가 심오한 의미가 숨겨져 있다고 생각했다.

아테네 내셔널 아카데미National Academy의 소크라테스 조각상
© stefanel/shutterstock.com

소크라테스는 고민을 거듭한 끝에, 백방으로 수소문해 현명하기로 소문난 사람들을 찾아다니며 그들에게 가르침을 청해 신탁의 수수께끼를 풀어야겠다고 마음먹었다. 그

가 현자들과 만나 나눈 대화는 그의 철학의 출발점인 동시에 그를 사지로 몰아넣은 운명의 첫걸음이었다.

소크라테스는 대화를 거듭한 결과, 현자라고 일컬어지는 사람들은 남들은 물론 스스로도 자신이 현명하다고 생각하지만, 사실은 그렇지 않다는 깨달음을 얻는다. 즉, 수수께끼 같은 신탁을 통해 아폴론 신이 깨우쳐주려고 한 진리는 '인간의 지혜는 보잘것없으며, 소크라테스처럼 자신의 무지를 자각하는 이가 현명한 사람'이라는 깨달음인 것이다.

> 신께서 이 소크라테스를 거명하신 것은 단지 나를 본보기로 삼아 "인간들이여, 너희 가운데 가장 지혜로운 자는 소크라테스처럼 지혜에 관한 한 자신이 진실로 무가치한 자라는 것을 깨달은 자이니라!"라고 말씀하시기 위해서인 것 같다.
>
> 플라톤, 《소크라테스의 변론》 23B

그렇다면 그럴듯하게 '지혜'라는 명목을 내걸고 소크라테스가 평생의 화두로 삼았던 문제는 무엇이었을까?

소크라테스는 '어떻게 살 것인가?'에 대한 해답을 얻는 데 평생을 바쳤다. 《파이돈》에서 소크라테스는 자신의 지적 편력을 술회하는데, 그 역시 젊은 시절에는 자연학에 열중했다고 한다. 자연학자는 만물의 생성과 소멸의 참된 원인을 가르쳐주리라 믿었기 때문이다.

그러나 소크라테스의 의문에 속 시원한 대답을 내놓는 자연학자는 단 한 사람도 없었다. 자연학자들은 사물이 사실 여차여차한 상태라는 애매모호한 설명만을 늘어놓았다. 예를 들어, 소크라테스가 감옥에서 탈옥하지 않는 것을 두고 "뼈와 힘줄이 이러이러한 상태라 탈옥하지 않는다"라고 설명하는 식이다. 그러나 소크라테스가 탈옥을 감행하지 않은 진짜 이유는 지엄한 국법에 따라 내려진 판결은 어떤 것이든 반드시 따라야 한다고 믿었기 때문이다(플라톤, 《파이돈》 98E). 우주의 질서에 관해서도 마찬가지다. 자연학자는 그저 태초의 소용돌이나 원소의 상호작용을 이야기할 뿐, 우주를 모종의 질서로 통괄하는 '선'이라는 힘에 관해서는 언급하지 않는다.

결국 소크라테스는 한계가 분명한 자연학에 절망을 느껴 사람들과 대화하고 토론하는 문답법으로 '선'을 탐구하기 시작한다. 다양한 지식의 밑바탕에 '선'에 대한 인식이 전제로 깔려 있어야 한다는 소크라테스의 생각은 말하자면 이론이성理論理性에 대한 실천이성實踐理性의 우위를 주장하는 혁명적인 사고 전환이라고 할 수 있다. 오직 자기 외부의 자연계만 바라보던 이성이 180도 방향을 전환해 내면을 바라보기 시작한 것이다. 이런 방향 전환으로 "철학은 하늘에서 인간 세계로 내려왔고"(마르쿠스 툴리우스 키케로Marcus Tullius Cicero, 《투스쿨룸 논의Tusculanae Disputationes》 5권 4장 10절), 소크라테스에 이르러서야 인생과 선악을 본질적인 문제로 다루게 되었다.

소크라테스가 철학하는 방법은 반박을 통한 대화였다. 그의 철학적 화두는 '어떻게 살 것인가?'였으므로 대개 정의, 절제, 용기, 지혜, 겸손 등의 덕德을 대화의 주제로 삼았다. 소크라테스는 다양한 사람에게 '덕이란 무엇인가?'라는 질문을 던지고, 상대의 견해를 들었다. 그리고 그 견해의 타당성을 곱씹었다. 타당성을 검증하기 위해 소크라테스는 자신을 일단 문외한으로 설정하고, 상대도 자신의 부족함을 인정하게 한 다음, 기본 명제(반박 대화를 시작하는 제1명제_옮긴이)와 상대의 견해가 모순되지 않는지 검토했다. 그 결과 쌍방이 모순되면 반박이 이루어진 셈이다. 만약 이 단계에서 새로운 누군가가 나타나 기본 명제에 이의를 제기하면 한 단계 깊이 나아간 반박이 이루어진다.

이러한 반박과 재반박의 과정은 자신의 논리를 뒷받침하는 근거를 한층 심화하는 쪽으로 진행되지만, 대화는 대개 명확한 결론을 얻지 못한 채 끝난다. 원래 대화란 '추측'과 '추측'의 충돌을 매개로 한 설득이다. 따라서 설령 대화가 성공적으로 마무리되더라도 주관적인 개연성이라는 영역을 결코 벗어날 수 없다. 대화를 통한 검증은 대화의 향방에 기대를 건 도박 또는 신앙이라는 데 문제가 있지만, 이는 모든 수단과 방법을 철저하게 사용하며 대화의 길을 걸은 후에 생각해도 늦지 않은 문제다.

삶의 궁극적 근거, 로고스

소크라테스는 로고스logos를 삶의 궁극적 근거로 삼았다. 로고스는 '논리, 이상, 언어'를 뜻하는 말로, '격정, 정념, 충동'을 뜻하는 파토스Pathos와 대립되는 개념이다. 고대 그리스어로 '말하다'를 뜻하는 동사 'legein'의 명사형으로, 우리말로는 '말한 것'이라고 해석할 수 있다. 고대 그리스에서는 이 로고스를 철학자에 따라 '마땅히 따라야 할 준칙', '분별과 이성', '보편 법칙' 등 다양한 의미로 사용했으므로 한마디로 정의 내릴 수는 없다. 소크라테스는 인간이 로고스를 구사하면서 시행착오를 반복하다 보면 최종적으로 객관적이고 보편적인 하나의 결론에 도달한다고 믿었다. 그는 죽음을 눈앞에 둔 상황에서도 삶의 태도를 바꾸지 않았다.

소크라테스는 '국가가 숭배하는 신을 믿지 않고, 청년들을 타락시켰다'라는 죄목으로 고발당해 사형 선고를 받고, 감옥에 갇혔다. 절친한 친구 크리톤Kriton이 찾아와 부당한 판결에 저항하는 의미로 탈옥하라고 권유했을 때, 소크라테스는 그의 제안을 거부하며 이렇게 말했다.

> 나는 지금만 그런 것이 아니라 언제나, 곰곰이 따져본 결과 최선이라고 생각되는 로고스 말고는 내게 속한 그 어떤 것도 따르지

자크 루이 다비드Jacques Louis David의 '소크라테스의 죽음' © wikipedia

> 않는 사람일세. 지금까지 줄곧 이야기해온 로고스를 내 일신에 변고가 생겼다고 해서 내팽개칠 수는 없네. 내게는 그 로고스들이 전혀 달라지지 않고 이전과 똑같아 보이네.
>
> 플라톤, 《크리톤Kriton》 46B4~8

'최선의 로고스'란 충분히 숙고하고 검토해서 얻은 로고스다. 충분히 숙고하고 검토해서 얻은 로고스라는 이야기는 설령 감정적으로 자신을 내던지고 싶은 상황(예를 들어, 코앞으로 닥친 사형의 공포)에 처하더라도 결코 포기해서는 안 된다는 뜻이다.

그렇다면 그가 말한 최선의 로고스란 무엇일까? 바로 '가장 중요한 것은 사는 것이 아니라, 선하게 사는 것이다'라는 로고스라고 할 수 있다. '선하게', '아름답게', '바르게'와 같은 맥락의 로고스다(플라톤, 《크리톤》 48B4). 이 로고스 속에 인간 삶의 궁극적 의미에 대한 소크라테스의 통찰이 각인되어 있다.

즉, 그저 살아가는 것은 인간의 삶이 아니다. 인간의 삶은 인간답게 사는 것이며, 인간다운 삶이란 바로 '선하게 사는 것'이다. 바꿔 말하면, '바르게 사는 것'이 인간다운 삶이라는 말이다. 인간을 인간답게 하는 근본적 특징은 이 윤리성에 있다. 인간의 삶에 의미를 부여하려면 윤리성이라는 토대가 뒷받침되어야 한다.

그렇다면 '바르게 사는 것이 가장 중요하다'라는 대원칙에서 어떤 결론을 이끌어낼 수 있을까? 첫째, 어떠한 경우에도 부정을 저질러서는 안 되며, 둘째, 설령 부당한 일을 당하더라도 부정한 수단으로 앙갚음해서는 안 된다는 결론을 도출할 수 있다(플라톤, 《크리톤》 49A4~C11). 소크라테스와 크리톤의 대화에서 소크라테스 정의론의 골격과 경이로운 혁신성이 엿보인다. 여기서 소크라테스 정의론의 철학적 근거를 상세하게 다룰 수는 없지만, 정의론으로 소크라테스가 그리스인의 전통적 윤리를 뿌리부터 뒤흔들었다는 점은 기억해두어야 할 것이다.

그리스인의 윤리에서는 '적(가해자)을 철저하게 응징하는 것'이 용납되었다. 상황에 따라서 복수는 찬미해야 하는 미덕으로까지 간주되었다. 복수의 정의관은 등가교환等價交換의 원리를 기초로 성립한다. 우리에게는 '눈에는 눈, 이에는 이'라는 말로 친숙한 원리다. 이는 비단 그리스인뿐 아니라 인류에게 보편적으로 받아들여진 설득력 있는 이론이다. 오늘날에도 지구촌 곳곳에서 일어나는 민족 분쟁의 양상을 보면 여전히 고대의 원리가 통용되고 있음을 알 수 있다.

정당한 보복으로서의 복수를 허용하는 전통적 정의관을 초월한 사상을 역설한 사람은 유럽에서는 예수를 제외하면 소크라테스가 유일하다. 복수를 금한 소크라테스의 사상은 시대를 앞서 나간 혁신적인 주장이었지만, 예수가 등장해 기독교 사상을 전파할 때까지 유럽 사회에서 주류로 받아들여지지 못해 결국 사상의 맥이 끊기게 된다.

플라톤, '정의란 무엇인가?'

당시 고귀한 가문의 혈통을 타고난 그리스 청년들은 도시국가의 정치 지도자가 되는 것을 인생의 목표로 삼았다. 플라톤(기원전 428?~347?)도 마찬가지였다. 그러나 아테네의 민주정치는 플라톤이 스승으로 모시던 소크라테스에게 사형을 선고하고 집행했다. 그는 스승의 죽음을 지켜보면서 아테네 현실 정치의 부패한 모습을 목격하고, 정계 진출에 대한 기대를 접었다.

그는 대신 다른 방식으로 정치를 시작했다. '인간은 정치적 동물이다'라는 아리스토텔레스의 유명한 정의를 떠올려보라. 이는 공동체 안에서 정치에 참여하며 사는 삶이 인간의 본질임을 의미한다. 정치를 배제하고서는 인간적인 삶을 살 수 없다. 플라톤은 부패한 정치를 정치 대상으로 삼았다. 그러나 정치 부패는 국가 체제를 혁신하는 것만으로는 척결할 수 없다. 21세기를 사는 우리가 현실 세계에서 매일 보고 접하는 현실이 그러하듯 말이다.

객관적 관념론의 창시자, 플라톤 © Nick Pavlakis/shutterstock.com

부패한 정치는 국가의 실질적 주인인 시민 각자의 정신을 정화해야만 바로잡을 수 있다. 소크라테스는 시민의식을 정화하는 길을 처음으로 걷기 시작한 선구자였다. 소크라테스의 죽음을 보며 정계 진출을 단념했던 플라톤은 스승의 발자취를 좇으며 참된 정치를 실현하는 것 외에 아테네의 부패를 해결할 방도는 없다고 생각했다. 그는 《고르기아스Gorgias》에서 "오직 소크라테스만이 진정한 정치가였다"라고 말하며 스승의 철학과 정치를 웅변하기도 했다.

소크라테스는 다양한 덕을 단편적으로 통찰했지만, 사상을 하나로 수렴하지 못했고, 결국 체계적인 철학으로 완성하지 못했다. 그러나 소크라테스의 초기 대화편은 《국가The Republic》라는 위대한 작품을 탄생시키기 위한 일종의 산고産苦였다. 《국가》는 소크라테스의 물음에 대한 플라톤의 대답으로, 새로운 가능성을 보여준다.

《국가》에는 '정의에 관하여'라는 부제가 달려 있다. 플라톤은 인간과 국가 사이에는 구조적인 유사성이 있다고 생각했고, 그를 바탕으로 정의에 관한 독자적인 가설을 전개했다.

플라톤은 인간의 영혼은 이성, 기개氣槪, 욕망의 세 부분으로 구성되어 있다고 보았다. 이성은 지혜를 발휘해 영혼 전체를 위하고 배려하며, 다른 부분에 명령을 내린다. 기개는 이성의 명령을 귀 기울여 듣고, 보조 역할로 폭주하는 욕망과 싸운다. 그리고 욕망은 이성이 내린 명령에 따라 식욕과 성욕을 충족시키고, 생존을 유지한다. 이성이 명령하고, 기개가 이성을 돕고, 욕망이 복종한다는 계층적 구조 아래 세 부분이 조화롭게 활동할 때 인간의 영혼 속에서 정의가 실현된다.

반면 욕망이 이성의 명령에 따르지 않고 자기주장을 하며 함부로 날뛰면 무절제하게 욕망을 추구하는 사태가 벌어진다. 욕망은 키메라Chimera와 케르베로스Cerberus 같은 신화 속 괴물을 하나로 합친 것과 맞먹는 정체불명의 괴수로, 녀석의 폭주 상태가 이른바 무절제와 방종이다. 사자에 비유되는 기개 역시 이성의 통제를 벗어나면 난폭해지고 거만해진다. 즉, 인간이란 두 마리의 거대한 짐승 위에 올라탄 소인(이성) 같은 존재로, 소인이 짐승을 통제해야 정의가 실현되고, 통제하지 못하면 부정으로 치닫는다(플라톤, 《국가》 588~589).

인간의 영혼 속에서 성립하는 정의 구조는 그대로 국가 정의에 적용할 수 있다. 즉, 국가도 상반된 요소를 가진 세 부류의 인간으로 구성되어 있다.

첫 번째는 쾌락을 추구하는 사람들로, 농업, 어업, 공업 및 기타 육체노동에 종사하는 노동자 계급이 이 부류에 속한다. 이들에게는 결혼과 사유재산이 모두 허용되지만, 일체의 정치 활동이 금지된다.

두 번째로 노동자 계급 위에 명예를 추구하는 사람들이 있다. 이들은 외부로부터 국가를 지키는 방위 계급을 형성하며, 국가의 주도 아래 장기간에 걸쳐 음악, 체육, 군사교련 등의 교육을 받으며 심신을 단련한다. 이 계급에 속한 사람들에게는 결혼과 사유재산이 금지된다. 사리사욕에 집착하지 않아야 본분을 다할 수 있는 일에 종사하기 때문이다.

마지막으로 지배자가 되기에 적합한 사람들이 있다. 이 부류의 사람들은 아주 극소수로, 지혜, 기력, 체력 등 모든 면에서 능력이 뛰어나다. 방위 계급 중에서 서른 살 무렵에 선발되며, 이전에 받은 교육에 더해 천문학, 철학 등 다양한 교육을 받고, 몇 년 동안 실제 현

디오니소스의 귀. 시라쿠사에 있는 감옥 입구로, 음향 효과가 뛰어나 독재자가 천장의 구멍으로 옥에 갇힌 사람의 이야기를 훔쳐 들을 수 있었다고 한다. © Boerescu/shutterstock.com

장에서 발로 뛰며 갖가지 시련을 겪은 후, 쉰 살 무렵에 지배자 계급으로 발탁된다. 이 계급에 속한 사람들 역시 결혼과 사유재산이 금지된다. 이들은 모든 개인적 이해관계를 포기한 금욕적인 사람들로, 순수하게 국가를 통치하는 업무에 종사한다.

이와 같이 세 계급에 속한 사람들이 각자 자신의 임무를 다하고, 전체 계급이 조화를 이루며 활동할 때 올바른 국가가 탄생한다. "철학자가 지배하거나 지배자가 철학을 하지 않으면 국가에 재앙이 끊이지 않는다"라고 말했던 플라톤의 철인정치哲人政治 사상이야말로 스승 소크라테스의 물음에 대한 대답이었던 것이다.

철인왕은 어떤 자격을 갖추고 어떤 원리를 터득해야 통치자의 지위에 오를 수 있을까? 한마디로 '선善의 이데아Idea'다. 철인왕은 선의 이데아를 인식해야만 실정법에 얽매이지 않고 절대권력으로 국가를 통치할 수 있다. 그렇다면 이데아란 과연 무엇일까?

세계를 인식하는 근거, '선의 이데아'

플라톤 철학의 핵심인 이데아론은 다음과 같은 요소로 성립된다.

첫째, 소크라테스의 덕에 대한 탐구를 계승하여 수립한 '덕의 본질' 또는 '덕의 원형'으로서의 이데아다. 소크라테스가 대화를 거듭하면서도 끝내 도달하지 못했던 '덕의 본질'을 플라톤은 '정의의 이데아', '미의 이데아' 등의 완결된 개념으로 정립했다. 현실 세계에서 우리가 경험하는 정의는 모두 불완전한 정의이며, 부정한 요소가 섞인 정의다. 마찬가지로 우리가 경험하는 미는 모두 불완전한 미, 추함이 뒤섞인 미, 즉 불순한 미다. 그런데도 우리는 불완전한 정의와 미를 정의와 미라고 느낀다. 이는 우리가 어떤 계기로 불완전한 정의와 미를 '정의 그 자체', '미 그 자체'로 나누어 생각했기 때문이 아닐까? 다시 말해, 우리가 어렴풋하게나마 소유한 선량함과 미가 우리 경험의 밑바탕에 완전한 미의 형태로 희미하게 존재한다고 추측할 수 있다.

둘째, '인식의 성립 근거'로서의 이데아다. 만약 이 세계가 끊임없이 움직이고 변화하며, 영구불변하는 요소가 아무것도 없다면, 우리는 그 무엇도 인식할 수 없을 것이다. 아마 언어를 사용할 수도 없을 것이다. "하얀 구름이 흘러간다"라고 말하기 위해서는 '하얗다'라는 형용사와 '구름'이라는 명사, 즉 영구불변하는 요소가 필요하다. 그것이 인식의 성립 근거로서의 이데아다.

마지막으로 '존재자의 존재 구조'로서의 이데아다. 존재자는 아무 이유 없이 무질서하고 혼돈스럽게 존재하지 않는다. 형태가 없다면 어떠한 것도 존재자로 성립할 수 없다. 모든 존재자는 복숭아건 바다건 자동차건 특정한 형태를 띠고 존재자로 존재한다. 그 형태가 존재자의 존재 구조로서의 이데아 또는 형상이다. 이는 훗날 임마누엘 칸트Immanuel Kant(1724~1804)가 《순수이성비판Kritik der reinen Vernunft》에서 전개했던 범주의 원형이다.

이데아란 인식의 유일한 대상이며, 모든 존재의 근원이다. 플라톤은 이 이데아계의 궁극적 근거로 '선의 이데아'를 정립했다. '선의 이데아'는 '무가정無假定의 원리(플라톤에 따르면, 각각의 학문은 사람들이 확실히 알고 넘어갈 수 있다고 생각하는 가정을 기반으로 여러 사실을 알아가는 것이다. 하지만 그런 가정이라 해도 다른 학문을 하는 사람이나 비학문적인 사람이 보기에는 명백해 보이지 않을 수 있다. 이는 그 가정을 포함할 수 있는 좀 더 근본적인 무언가가 필요하다는 의미다. 그러므로 그 가정에서 거꾸로 올라가 다른 가정이 전혀 필요 없는 무언가가 있을 것이며, 그것을 플라톤은 '무가정의 것'이라 불렀다. 플라톤은 추론적 사고를 통해 이것으로부터 다른 앎을 이끌어낼 수 있다고 생각했다_옮긴이)'라고 일컬어지며, 이론적으로는 인식할 수 없다. 선의 이데아는 반복되는 선한 행위를 통해 단련된 '영혼의 눈'으로밖에는 볼 수 없다.

플라톤은 '선의 이데아'를 태양에 비유해 이야기했다. 우리는 태양을 맨눈으로 볼 수 없다. 태양을 맨눈으로 바라보면 눈을 다치거나, 심한 경우 눈이 멀고 만다. 그러나 우리는 햇살을 받으며 세계를 인식하고, 열기를 느끼며 자라나며, 온기 속에서 다양한 선을 향유한다.

태양은 맨눈으로 볼 수 없지만, 우리는 태양이 없으면 살아갈 수 없다. 우리는 햇빛 없이는 세상을 볼 수 없으며, 태양이 없으면 지구상의 생물은 존재할 수 없다. 플라톤은 '선의 이데아'란 태양과 마찬가지로 우리가 세계를 인식하는 근거이며, 존재 근거이자 가치 근거라고 믿었다. 그리고 이 이데아를 인식하는 사람이야말로 철인왕이 될 자격이 있는 사람이라고 주장했다.

아리스토텔레스, '행복이란 무엇인가?'

아리스토텔레스(기원전 384~322)는 그리스 철학을 통합하고 체계적인 철학으로 완성해 유럽 철학의 기초를 닦았다. 그러므로 유럽 철학을 현대 세계 문명을 형성한 기초 중의 하나로 본다면, 아리스토텔레스의 사색은 오늘날을 사는 현대인의 사색을 규정한다고도 볼 수 있다.

아리스토텔레스가 생전에 출간한 대화 형식의 저서는 대부분 어디론가 사라져 오늘날에는 몇몇 단편만 남아 있지만, 지금까지 남아 있는 그의 글을 보면 형식에서도 내용에서도 스승 플라톤의 영향을 받은 흔적이 역력하다. 아리스토텔레스의 저작은 영혼불멸, 환생, 상기 등을 논한 글로, 검증할 필요가 없을 정도로 높은 학문적 완성도를 보여준다.

현존하는 그의 저작은 그가 설립한 학원인 '리케이온Lykeion'에서 직접 가르친 강의 초고로 추정되는 매우 간결한 노트들뿐이다. 기원전 1세기 로도스Rhodes의 안드로니코스Andronikos가 엮은 이 노트에 담긴 아리스토텔레스의 사색은 논리성과 경험적 실증성에 통달한 진정한 이성주의자의 모습을 보여준다. 그의 연구는 광범위한 영역을 포괄하며, 각각의 영역을 처음으로 학문으로 성립시켜 각 분야의 학자들이 해당 학문의 초석이라고 칭송할 정도로 깊이 있는 연구였다. 그중 중요한 저작을 살펴보면 다음과 같다.

'만학의 시조'라고 불리는 아리스토텔레스

《범주론Categoriae》, 《명제론De Interpretatione》, 《분석론 전서Analytica Priora》, 《분석론 후서Analytica Posteriora》, 《자연학Physica》, 《천체론De Caelo》, 《생성소멸론De Generatione et Corruptione》, 《동물지Historia Animalium》, 《동물 부분론De Partibus Animalium》, 《동물 운동론De Motu Animalium》, 《영혼론De Anima》, 《형이상학Metaphysica》, 《니코마코스 윤리학Nicomachean Ethics》, 《에우데모스 윤리학Ethica Evdemia》, 《정치학Politica》, 《아테네인의 국제Athenaion Politeia》, 《수사

학Rhetorica》, 《시학Poetica》.

이처럼 광범위한 영역에 걸친 그의 사색을 한정된 지면에 모두 소개하는 것은 불가능하다. 여기에서는 윤리와 정치에 관한 아리스토텔레스 사색의 근본을 간단하게 살펴보고, 그것이 오늘날의 관점에서 어떤 의의를 갖는지 확인해보려 한다.

아리스토텔레스는 '모든 인간의 활동은 선을 추구한다'라는 인식에서 윤리학을 전개했다.

> 모든 기예와 탐구, 그리고 모든 행위와 선택은 어떤 선을 목표로 하는 것 같다. 그래서 사람들은 선을 모든 것이 추구하는 것이라고 옳게 규정해왔다.
>
> 아리스토텔레스, 《니코마코스 윤리학》 1094A1~2

한마디로 아리스토텔레스는 행위의 목적이 선이라고 말했다. 인간은 다양한 목적을 세우고 추구하는데, 이들 여러 목적은 상호 연관성 없이 제각각 따로 존재하지 않는다. 예를 들어, 마구馬具 제작은 승마를 위한 것이고, 승마 훈련은 전쟁에서의 승리를 위한 것이다. 이처럼 다양한 행위는 목적과 수단이라는 연관성 아래 일정한 계층적 구조를 이루고 있다. 그렇게 볼 때, 다양한 행위의 궁극적 목적이 최고선이 되는 셈이다. 모든 행위는 최고선을 위해 이루어지지만, 행위 자체는 아무런 목적 없이 이루어진다. 최고선이란 쉽게 말하면 행복이다.

최고선이 행복이라는 견해에 이견을 제시하는 사람은 아마 없을 것이다. 그러나 행복의 내용이 불명료하고 사람에 따라 다르다는 데서 문제가 발생한다. 어떤 사람은 행복을 쾌락이라 말하고, 어떤 사람은 부의 축적이라 말하며, 또 어떤 사람은 명예라 말하고, 다른 사람은 금욕적인 생활이라 말한다.

이 대목에서 아리스토텔레스가 전개한 독창적 시각이 드러난다. 아리스토텔레스는 사람들이 "좋다"라고 말할 때 무슨 말을 어떻게 사용하는지에 주목했다. 예를 들어, 좋은 자동차란 엔진이 원활하게 회전하고 고장 없이 달리는 자동차다. 또 좋은 낙타란 무거운 짐을 짊어지고 열사의 사막을 쉬지 않고 횡단할 수 있는 낙타다. 좋은 눈이란 사물을 왜곡하지 않고 또렷하게 볼 수 있는 눈이다.

이와 같이 모든 존재자는 본래 그 존재자에게 부과된 기능을 완벽히 해낼 때 좋은 상태를 유지한다고 말할 수 있다(아리스토텔레스, 《니코마코스 윤리학》 1097B24~25). 또 최고선이란 존재자의 본질적 자아실현 또는 그 존재자의 우월성(아르테)을 발휘하는 행위라고 바꾸어 말할 수도 있다. 오늘날에는 상식이 된 '자아실현이 곧 행복이다'라는 생각의 밑바탕에는 아리스토텔레스의 '자아의 본질적인 행위의 발현이 선이다'라는 사상이 깔려 있는 셈이다.

그렇다면 무엇이 인간의 본질적 자아일까? 아리스토텔레스는 영혼(프시케)이라고 보았다. 즉, '행복이란 영혼이 그 우월성에 따라 활동하는 것이다'라는 정의가 가능하다.

아리스토텔레스가 '인간 영혼의 활동'이라고 표현한 부분은 감각 기능, 운동 기능, 영양생식 기능, 사고 활동 전반을 아우르는 '인간 삶의 전체적인 활동'을 가리킨다. 이들 기능은 최상위에 있는 이성의 활동이 전체를 총괄하고, 그 아래에 감각 기능, 운동 기능, 영양생식 기능 순으로 계층적 구조를 이룬다. 전체적인 조화 속에서 각각의 기능이 제 역할을 완수할 때 인간은 행복할 수 있다. 이를 구조적으로 설명하면 다음과 같은 논리가 성립한다.

인간은 이성적 부분과 비이성적 부분으로 이루어진다. 비이성적 부분은 기초적인 부분으로, 식물이나 동물과도 공통되는 것이 있으므로 인간만이 가진 특징이라고 할 수 없다. 이성적 부분이야말로 인간을 인간답게 만드는 부분이다. 따라서 욕망과 충동 등의 비이성적 기동력을 이성이 확실하게 통제하고 전체가 조화롭게 움직일 때 인간은 행복하며, 이 상태가 덕이 실현된 상태라고 할 수 있다.

아리스토텔레스 윤리학을 '중용中庸'이라는 특징으로도 설명하는데, 중용이 의미하는 바도 위의 논리와 일맥상통한다. 욕망과 충동은 맹목적이므로 그대로 방치하면 극단으로 치닫는다. 이성이 욕망과 충동을 확실하게 있어야 할 자리에 있도록 억누른 상태가 바로 중용이다. 아리스토텔레스의 행복관에는 '윤리적인 덕의 실현'이라는 모든 인간에게 보편적으로 통용되는 차원 위에 '순수이성의 활동'이라는 소수에게만 허용된 초인간적인 차원이 별도로 존재한다.

인간은 사회적 동물이다

아리스토텔레스는 인간을 '사회적 동물'이라고 정의했다. 그는 이 정의의 근거로 인간의 자연스러운 본성을 들었다. 인간에게는 남녀라는 각기 다른 성별이 존재하지만, 각각의 성은 혼자서는 욕망을 충족시킬 수 없다. 서로 다른 성별은 서로가 서로를 필요로 하는 존재임을 증명한다. 남녀는 결합해 가정을 이루고, 자녀를 낳고, 최소 단위의 공동체를 형성한다.

그러나 가정만으로는 물질적으로도 정신적으로도 자족할 수 없다. 그래서 인간은 혈연을 기반으로 촌락 공동체를 형성하고, 나아가 국가 공동체를 형성한다. 인간의 삶은 국가의 단계에서 비로소 자족에 도달한다.

그렇다면 인간은 어떻게 국가를 형성해야 할까? 이 질문이 소크라테스에서 플라톤으로 이어진 학문의 계통에 아리스토텔레스가 최종적인 답을 내리며 도달한 윤리 문제의 종점이다.

아리스토텔레스는 공동체의 구성원을 시민이라 규정하고, 시민의 자격을 '심의와 재판에 참여할 수 있는 능력의 소유자'라고 설명했다. 심의와 재판이란 입법·사법·행정의 권력을 말한다. 즉, 시민이란 정치권력에 참여할 수 있는 자격을 갖춘 사람을 일컫는다.

그렇다면 무엇을 근거로 그 사람이 정치권력에 참여할 자격을

아테네의 아고라 유적 © Timothy R. Nichols/shutterstock.com

갖추었는지 판단할 수 있을까? 혈연이나 사회적 지위, 물질적 부가 자격을 판단하는 근거가 될 수 있을까?

아리스토텔레스는 '이성의 소유' 또는 '판단력의 소유'가 판단 근거라고 주장했다. 그는 '이성의 소유가 인간의 본질이다'라고도 주장했으므로 모름지기 정치권력이란 인간으로 태어난 이상 모든 인간에게 평등하게 주어져야 마땅하다. 다시 말해, 이성을 소유한 인간은 윤리적으로 자율적인 존재이며, 이 논리는 개인의 삶뿐 아니라 공동체의 삶에도 동일하게 적용된다.

이런 논리로 아리스토텔레스는 플라톤의 철인정치에 반대했다.

한 명의 아주 우수한 인간이 정치권력을 독점하는 절대왕정이나 소수의 우수한 인간이 권력을 독점하는 귀족제, 그리고 소수의 대부호가 권력을 독점하는 과두제는 올바른 정치 제도라고 할 수 없다. 공동체의 모든 구성원이 평등하게 권력을 나누어 갖는 것이 올바른 정치 제도이기 때문이다. 요즘 말로 하면 '민주주의', 아리스토텔레스의 말에 따르면 '중간국가'다.

왜 아리스토텔레스는 굳이 '중간'이라는 단어를 택했을까? 첫째, 최상위 부자나 극빈 계층이 아니라 중산 계급을 국가의 주요한 세력으로 삼아야 국가를 안정시키기 위한 경제적 토대가 다져진다고 믿었기 때문이다. 둘째, 국가는 다수가 수의 힘만 믿고 양식 있는 소수의 비판을 무시하거나, 반대로 소수가 부의 힘으로 다수의 목소리를 무시하지 않게 중용의 체제를 갖추어야 하기 때문이다. 그리고 중용의 체제는 가능한 한 많은 사람 중에서, 양극단의 격정에 사로잡히지 않은 온화하고 이성적인 사람들을 키워내야 얻을 수 있는 국가적 과제다. '중용'을 추구하는 '중간국가', 이것이 아리스토텔레스가 이른 국가론의 최종 결론이다.

미켈란젤로의 '천지창조' © wikipedia

2부

성경, 유럽의 생각을 엿보다

구약성서
속으로

1장 | 유대인, 드라마 같은 역사가 시작되다

신앙의 아버지, 아브라함

우리가 알고 있는 유대인(셈 어족으로 히브리어를 사용하고 유대교를 믿는 민족. 고대에는 팔레스타인에 거주했고, 로마 제국에 의해 예루살렘Jerusalem이 파괴되자 세계 각지에 흩어져 살다가 19세기 말에 시오니즘Zionism 운동이 일어나 1948년에 다시 팔레스타인에 이스라엘을 세워 살고 있다_옮긴이)에 관한 사실들은 주로 구약성서에서 비롯되었다. 구약성서에 나온 유대인의 기원은 신화와 역사적 사실의 구분이 모호하다. 그러나 20세기에 진행된 고고학 발굴 조사 등의 성과로 유대인의 기원에 관한 대략적인 사실이 밝혀졌다. 기원전 2000년 무렵, 아라비아 사막에서 진출한 유목 민족 아모리인amorite(시리아 지중해 연안에서 유목 생활을 하다 기원전 3000년 무렵에 메소포타미아에 정착하여 후에 바벨론 제1왕조를 열고 각지를 통합했다_옮긴이)은 메소포타미아 지방을 중심으로 지중해 연안까지 이르는 광대한 지역을 지배했는데, 이들이 아람인aramaean과 유대인의 선조로 추정된다. 아마 유대인의 선조들은 기원전 2000년대 초반, 메소포타미아에서 시리아로 건너와 차츰 팔레스타인의 옥토로 들어섰을 것이다.

아브라함Abraham은 구약성서 〈창세기〉에 나온 유대 민족의 시조다. 아브라함이란 이름은 '여러 민족의 아버지'를 뜻하는데, 이는 한 개인의 이름이라기보다 민족을 상징하는 이름으로 보는 것이 옳다(아브라함의 첫 이름은 아브람Abram이고, '존경받는 아버지'란 뜻이다. 아브라함은 아브람이 가나안Canaan으로 이주한 후 여호와Jehovah가 새로 지어준 이름이다_옮긴이). 아브라함은 반쯤 신화적이고 상징적인 인물이다.

구약성서에 따르면, 아브라함은 아버지 데라Terah, 조카 롯Lot과 함께 고향 마을 우르Ur를 떠나 강을 거슬러 하란Haran으로 이주한다. 하란에 정착한 후 아브라함의 아버지 데라는 이백오 세를 일기로 세상을 떠나고, 아브라함은 유대 민족의 신 여호와의 목소리를 듣는다.

> 너는 너의 고향과 친척과 아버지의 집을 떠나 내가 네게 보여줄 땅으로 가라. 내가 너로 큰 민족을 이루고 네게 복을 주어 네 이름

을 창대하게 하리니, 너는 복이 될지라.

〈창세기〉 12장 1~2절

아브라함은 이미 일흔다섯 살의 노인이었지만, 아내 사라Sara와 조카 롯을 데리고 정처 없는 여행길에 오른다.

20세기의 유대인 철학자 엠마누엘 레비나스Emmanuel Levinas(1906~1995)는 "여기에 신앙적 삶의 원형이 있다"라고 말한다. 레비나스가 아브라함과 비교한 인물은 호메로스의 영웅 오디세우스다. 오디세우스는 트로이 전쟁 10년, 그리고 전쟁을 승리로 이끈 후 고향으로 돌아가기까지 바다 위에서 떠돌며 보낸 고난의 세월 10년을 거쳐 고향 이타카에 겨우 도착한다. 그는 악당들을 무찌르고, 두 팔 벌려 환영하는 아내와 재회해 행복을 되찾는다. 오디세우스가 겪은 고난과 역경은 그의 내면에서 성숙되어 자아실현이라는 열매를 맺는다.

정든 고향을 버리라는 신의 명령을 받고 정처 없는 여행길에 오른 아브라함은 남은 일생을 길 위에서 보내는데, 이는 모든 인간은 이 땅에서 고향을 가질 수 없는 방랑자임을 상징하는 비유적 표현으로 볼 수 있다. 아브라함의 방랑은 자신의 의도가 아닌 신의 계시에 의한 것이며, 그 결실도 자신이 아닌 후손의 손에 달린 것이었다.

가장 사랑하는 것을 바쳐라

아브라함의 아내 사라는 오랫동안 아이를 갖지 못했지만, 아브라함은 마음속으로 "네 자손을 하늘의 별과 같이 번성하게 하며 이 모든 땅을 네게 주리니"(〈창세기〉 26장 4절)라는 신의 약속을 굳게 믿고 있었다. 아브라함이 아흔을 넘기자 사라의 배가 불러왔고, 곧 아들 이삭Isaac을 낳았다. 기적과 같은 탄생이었기에 아브라함에게 이삭은 눈에 넣어도 아프지 않을 귀한 자식이었고, 어렵게 얻은 아들을 보며 그의 신앙심은 한층 무르익었다.

그런데 신은 소중한 이삭을 제물로 바치라고 명한다. 신의 잔혹한 명령이지만 아브라함은 한 치의 망설임 없이 이삭을 모리아Moriah 산으로 데려간다. 아브라함이 이삭을 결박해 제단 위에 올려놓고, 칼을 들고 이삭을 잡으려는 순간, 신이 중지 명령을 내린다(〈창세기〉 22장).

이 이야기는 신에 대한 아브라함의 경외와 믿음이 얼마나 큰지 보여준다. 우리는 이 이야기를 어떻게 이해해야 할까? 구약성서에 남은 원시적인 인신공양의 잔재로 보아야 할까?

칸트는 그토록 잔혹한 명령을 내리는 신은 신이 아니므로 아브라함은 "아들을 죽이는 것이 악행임은 명백하지만, 당신이 신인지 아닌지는 명백하지 않다"라고 대답했어야 한다고 말한다. 한발 더

미켈란젤로 다 카라바조Michelangelo da Caravaggio의 '이삭의 희생' © wikipedia

나아가 쇠렌 키에르케고르Søren Kierkegaard(1813~1855)는 "종교적 차원이 윤리적 차원을 초월했음을 암시하는 이야기다"라는 평을 내렸다.

이처럼 해석상 다양한 여지를 남기는 이야기지만, 구약성서의 정신 구조에 입각해 이 이야기를 바라보면 다음과 같은 해석이 가능하다. 신은 인간에게 가장 소중한 것을 바칠 것을 요구한다. 아브라함에게 이삭은 늘그막에 얻은 귀하디귀한 자식, 그것도 가장 사랑하는 신과의 약속으로 얻은 자식이다. 그렇게 사랑하는 존재를 신에게 바치는 아브라함의 행동은 인간은 결국 아무것도 소유할 수 없다는 진리를 암시하는 것이리라.

본래 우리가 가진 모든 것은 신이 준 것이다. 온전한 내 것은 처음부터 아무것도 없었다. 그러므로 이 이야기는 아브라함의 신앙이 '가장 사랑하는 사람마저 포기하며 자신의 모든 것을 버리는 경지'에 이르렀음을 보여주는 것이라고 이해할 수 있을 것이다.

십계명, 이스라엘의 민족성을 만들다

기원전 15세기 이집트(애굽)는 힉소스Hyksos족의 지배 아래 있었고, 그들과 가까운 혈통의 이스라엘 민족 일부가 이집트로 이주했다(이집트의 고관이 된 요셉Joseph의 이야기는 역사적 사실에 상응하는 구약성서의 기술로 볼 수 있다). 그런데 힉소스족이 차츰 지배력을 상실하면서 이스라엘 민족은 곤란한 처지에 놓인다. 가혹한 강제 노동이 이스라엘 민족을 기다리고 있었던 것이다. 이스라엘 민족은 압제에서 탈출하기 위한 묘책을 강구했고, 모세Moses가 유대인을 중심으로 농노와 노예 무리를 규합해 이집트를 탈출한다. 구약성서의 〈출애굽기〉는 이 내용을 담고 있다.

이스라엘 민족은 가까스로 이집트에서 탈출하지만, 시나이Sinai 반도의 사막을 40년 동안 방랑한다. 그동안 모세는 시나이 산에서 십계를 받는다. 이것이 우리에게 십계명이라고 알려진 신과의 계약

모세가 십계를 받은 시나이 산 © Louis W/shutterstock.com

이다. 즉, 유대인은 십계를 지킴으로써 신에게 선택받은 민족으로 신과 특별한 관계를 맺고, 신은 그 대가로 유대인을 지켜준다는 계약 관계가 성립된 것이다.

이스라엘 민족이 어떤 의미에서 특별히 선택받았는지는 이후 펼쳐지는 유대인의 역사를 보면 도무지 이해가 가지 않는다. 레비나스는 "고통을 겪기 위해 선택되었다"라고 말한다. 다시 말해, 자연성自然性 속에 매몰된 인류에게 윤리성을 도입하고, 그 윤리성을 도맡기 위해 유대인이 선택되었다는 뜻이다. 그 때문에 유대인은 태고부터 현대에 이르기까지 주위 사람들을 거북하게 해 미움을 받고, 배척되었으며, 학살되기도 했다. 그런 의미에서 나치의 유대인 학살, 즉 홀로코스트Holocaust는 유대인의 선민성選民性을 부정하려다 도리어 돋보이게 해준 사건이 되고 말았다고 레비나스는 주장한다.

어쨌든 시나이 산에서 받은 십계명 덕분에, 다양한 출신 성분으로 이루어진 유목민 무리는 유일신 여호와를 믿고 십계를 지키는 독자적인 민족이라는 민족성을 갖게 되었다. 이것이 이스라엘 민족의 성립 과정이다. 간단히 말해, 유대인은 혈연 대신 신앙으로 하나의 민족이 되었던 셈이다.

구세주 여호와를 만나다

유대인의 신은 철학적 사색 끝에 확립된 존재자의 궁극적 근거 같은 존재가 아니다. 그렇다고 이념이나 이상 같은 것도, 그리스의 신처럼 자연의 힘을 의인화한 형상도 아니다. 유대인은 '이집트에서의 노예 생활로부터의 구제'라는 역사적 현실 속에서 구세주 여호와를 만났다. 그리고 이집트 탈출을 통해 유일신 여호와 신앙을 확립하고, 연고가 분명치 않던 어중이떠중이 유목민 무리에서 이스라엘 민족으로 거듭났다. 이에 관한 여호와의 말을 들어보자.

너는 또 네 하나님 여호와 앞에 아뢰기를 내 조상은 방랑하는 아람 사람으로서 애굽에 내려가 거기에서 소수로 거류하였더니 거기에서 크고 강하고 번성한 민족이 되었는데 애굽 사람이 우리를 학대하며 우리를 괴롭히며 우리에게 중노동을 시키므로 우리가 우리 조상의 하나님 여호와께 부르짖었더니 여호와께서 우리 음성을 들으시고 우리의 고통과 신고와 압제를 보시고 여호와께서 강한 손과 편 팔과 큰 위엄과 이적과 기사로 우리를 애굽에서 인도하여 내시고 이곳으로 인도하사 이 땅 곧 젖과 꿀이 흐르는 땅을 주셨나이다. 여호와여 이제 내가 주께서 내게 주신 토지 소산의 만물을 가져왔나이다 하고 너는 그것을 네 하나님 여호와 앞에 두고 네 하나님 여호와 앞에 경배할 것이며 네 하나님 여호와께서 너와 네 집에 주신 모든 복으로 말미암아 너는 레위인과 너희 가운데에 거류하는 객과 함께 즐거워할지니라.

〈신명기〉 26장 5~11절

들판에 여문 만물(햇곡식)을 신에게 바치는 유대인의 관습은 농부들의 수확제에서 기원한 것이지만, 대지의 곡식을 올리며 일관되게 역사를 언급하는 부분은 주목할 필요가 있다. 농부들은 가나안과 메소포타미아 종교에서 믿는, 수레바퀴처럼 돌고 도는 세계에서 만물을 다스리는 자연의 힘이 아닌, 이스라엘 민족의 성립 이후 이 민족을 인도하며 함께 걸어온 역사의 주인 여호와에게 기도를 드렸던 것이다.

그러나 여호와는 약속하게도 이스라엘을 지켜주지도, 이스라엘의 번영을 약속하지도 않았다. 오히려 그 반대의 일을 행했다. 이스라엘은 십계명을 받고 여호와의 민족이 된 후에도 가나안이나 앗수르, 바벨론, 이집트 등으로부터 종교적 영향을 받았다. 한술 더 떠 도덕적으로 부패했고, 퇴폐적인 행위를 저질렀으며, 여호와를 배신하는 행위까지 서슴지 않았다. 그러자 여호와는 주위의 강대국이 이스라엘을 침략하게 해 이스라엘을 징벌했고, 이스라엘은 결국 멸망했다. 예언자 이사야Isaiah(기원전 8세기 무렵의 유대의 선지자. 메시아가 동정녀에게서 탄생하리라는 것을 예언했고, 점차 커지는 앗수르의 위협 아래 구세救世의 가르침을 설파했다_옮긴이)는 앗수르를 여호와의 손에 들린 진노의 막대기에 비유하기도 했다.

> 앗수르 사람은 화 있을진저 그는 내 진노의 막대기요 그 손의 몽둥이는 내 분노라. 내가 그를 보내어 경건하지 아니한 나라를 치게 하며 내가 그에게 명령하여 나를 노하게 한 백성을 쳐서 탈취하며 노략하게 하며 또 그들을 길거리의 진흙같이 짓밟게 하려 하거니와.
>
> 〈이사야〉 10장 5~6절

> 보라 내가 북쪽 모든 종족과 내 종 바벨론의 왕 느부갓네살을 불

> 러다가 이 땅과 그 주민과 사방 모든 나라를 쳐서 진멸하여 그들을 놀램과 비웃음거리가 되게 하며 땅으로 영원한 폐허가 되게 할 것이라.
>
> 〈예레미야〉 25장 9절

광란의 역사 속에서 펼쳐진 외세의 침입이라는 사건은 이스라엘에 징벌의 채찍을 휘두른 여호와의 심판이었던 것이다. 이후 이스라엘은 멸망의 나락으로 떨어지려 할 때마다 여호와의 가르침을 떠올려야 했다.

번영과 멸망, 이스라엘의 굴곡진 운명

모세가 세상을 떠난 후, 후계자 여호수아Jehoshua가 이끄는 이스라엘의 여러 부족은 삽시간에 가나안 땅을 점령했다고 한다. 그들이 단숨에 가나안을 정복했다는 사실은 어디까지나 〈신명기〉를 연구하는 역사가들의 과장으로, 당시 팔레스타인 땅 대부분에는 반유목 생활을 하던 이스라엘의 여러 부족이 다양한 경로로 들어와 이미 터를 잡고 살고 있었다는 것이 오늘날의 정론이다. 이집트에서 탈출한 유대인은 미리 자리를 잡은 동족과 마찰을 일으키지 않고 합류했으리라 추정된다.

이스라엘의 수도, 예루살렘 © dominique landau/shutterstock.com

이후 이스라엘의 여러 부족은 여호와 신앙을 핵심으로 하는 느슨한 종교 연합을 형성하고, 종교적 권위를 가진 지도자를 중심으로 민병대를 조직해 스스로를 방어했다. 그러다 주위의 여러 민족, 특히 블레셋Philistia족(고대 팔레스타인 민족 가운데 하나. 기원전 13세기 말 에게 해에서 팔레스타인 서쪽 해안으로 침입하여 정착한 비셈계 민족으로, 이스라엘인을 압박했다_옮긴이)이 강해지면서 압박해오자 국가의 필요성을 절감했다. 기원전 1020년경, 제사장 사무엘Samuel의 지도 아래 이스라엘의 여러 부족이 베냐민Benjamin족 출신의 사울Saul을 왕으로 뽑아 이스라엘 왕국을 건설했다. 초대 왕 사울에 이어 기원전 1000

년경 다윗David이 왕위에 올라 예루살렘을 수도로 정하고 여러 민족을 정복하여 이스라엘 왕국의 전성기를 이끌었다. 그리고 다윗의 뒤를 이어 아들 솔로몬Solomon이 왕위에 올라 예루살렘에 여호와의 신전을 건설하고, 행정을 개혁하고 군비를 강화하여 이스라엘 왕국의 황금시대를 보냈다.

이후 이스라엘 왕국은 앗수르, 바벨론, 페르시아 등 대제국의 침략에 잇따라 굴복하고, 남북 왕조로 분열되었다. 바벨론의 침공을 받은 이스라엘 민족은 포로로 사로잡혀 기나긴 타향살이를 시작하게 되며(바벨론 유수Babylonian Captivity), 예수 탄생을 전후로 로마 제국의 식민지가 되어 결국 멸망하고 만다. 이후 유대인은 조국을 잃고 디아스포라diaspora(이산민족) 유대인으로 헬레니즘 세계의 각지로 뿔뿔이 흩어져 오늘날에 이르렀다.

2장 | 〈창세기〉 속 신의 모습

무에서 시작된 우주 창조의 의미

현대 성서학에서 〈창세기〉는 바벨론 유수기 후인 기원전 6세기에서 5세기 무렵에 편집되었다고 추정한다. 〈창세기〉는 구약성서에서 가장 오래된 부분으로, 바벨론 제국에서 포로 생활을 하던 유대인이 자신들을 집어삼키고 동화하려는 오리엔트의 신화와 종교, 생활에 맞서 싸우며 민족성을 확인하고, 포로 생활에서의 해방을 목표로 유대인을 위한 독자적인 신과 인간을 사상적으로 조형하려던 노력으로 볼 수 있다. 그렇다면 〈창세기〉의 신은 어떤 신이며, 〈창세기〉가 규정한 인간은 어떤 인간일까? 〈창세기〉의 신은 '타자와 함께하는 것을 본질로 삼는' 신이며, 〈창세기〉의 인간은 '하나님을 본떠 만든' 인간이다.

〈창세기〉는 '태초에 하나님이 천지를 창조하시니라'라는 말로 시작한다. 즉, 천지창조 이전의 신에 관해서는 단 한마디도 언급하지 않는다. 기독교를 학문적으로 연구한 교부철학의 아버지 아우렐리우스 아우구스티누스Aurelius Augustinus(354~430)는 '천지창조 이전에 신은 무엇을 했는가?'라는 물음은 무의미하다고 주장한다(아우구스티누스, 《고백록Confessiones》 11권 13장). 왜냐하면 시간은 천지창조와 동시에 시작되었고, '이전'도 '이후'도 모두 천지창조 이후에 생겨난 개념이기 때문이다.

일단 이 부분은 아우구스티누스의 주장을 따르기로 하자. 그러나 천지창조 이전의 신에 관해 언급하지 않은 의미가 도대체 무엇인지 한 번은 짚고 넘어가야 할 것이다. 우리는 유대인의 신은 항상 세계와의 상관관계 속에서 이야기된다는 점에 초점을 맞추어야 한다. 유대인은 세계와 동떨어져 홀로 고고하게 존재하는 신의 개념은 상정하지 않는다. 그들의 신은 파르메니데스의 존재처럼 불변부동의 영원성 속에서 미동도 하지 않는 절대자가 아니다. 유대인의 신은 다른 존재, 즉 타인을 갈구하는 신이다. 그래서 이스라엘의 신은 말씀으로 '세상'을 불러냈다.

신이 말씀으로 세상을 불러냈다는 사실은 무엇을 의미할까?

첫째, 이스라엘의 신은 타인의 존재를 간절하게 소망함으로써 자기만족에서 벗어나려는 신이다. '타자를 불러서 맞이하는 행위'는 곧 '사랑'이므로 이스라엘의 신은 본질적으로 '사랑'이다. 사랑에는 타인의 존재가 반드시 필요하다. 그래서 신은 '무'에서 '유'를 창조할 정도로 철저한 사랑이다. 모세가 시나이 산에서 신의 이름을 물었을 때 들은 대답 속에 신의 본질이 잘 나타난다.

> 하나님이 모세에게 이르시되 나는 스스로 있는 자이니라. 또 이르시되 너는 이스라엘 자손에게 이같이 이르기를 스스로 있는 자가 나를 너희에게 보내셨다 하라.
>
> 〈출애굽기〉 3장 14절

둘째, 우리는 신이 '말씀'을 통해 세계를 창조했다는 사실에 주목해야 한다. 그리스와 바벨론 신화에는 태초의 혼돈에서 통합과 분리가 이루어져 세계가 생성되었다는 이야기가 전해온다. 성서의 '말씀에 의한 창조'와는 다른 이야기다. '말씀에 의한 창조'는 무엇을 의미할까? 말이란 본래 응답할 상대를 기대하고 하는 행위다. 따라서 신은 부름에 응답하는 자를 기대하고 세계를 창조했다. 그러나 인간을 제외한 자연의 여러 존재자는 엄밀한 의미에서 '부름을 받는 자'가 될 수 없다. 그래서 언어를 사용하는 인간이 세계를 대표해 신의 부름을 받는 자가 되고, 천지창조의 의미를 짊어지게 된 것이다.

20세기에 들어 마르틴 하이데거Martin Heidegger(1889~1976)는 "인간의 사명은 존재의 목소리를 알아듣고, 그것을 언어로 노래하는 것이다"라고 말했다. 하이데거의 사상을 거슬러 올라가면 유대인의 '신의 부름을 받는 자'라는 사상이 존재한다는 결론을 이끌어낼 수 있다.

신은 모든 자연물을 만들어낸 후 마지막으로 인간을 창조하고, "생육하고 번성하여 땅에 충만하라, 땅을 정복하라, 바다의 물고기와 하늘의 새와 땅에 움직이는 모든 생물을 다스리라"(〈창세기〉 1장 28절)라고 말한다. 그 말에는 인간이 모든 피조물의 대표자이므로 모든 책임을 지고 신의 부름에 응답해야 한다는 뜻이 내포되어 있다. 즉, 인간은 자연의 일부인 동시에 자연을 초월한 자라는 이중적 성격을 지닌다.

셋째, 신이 세계를 '무에서' 창조했다는 말의 의미를 살펴볼 필요가 있다. '무에서'라는 말은 세계에는 고유한 질료가 없음을 가리킨다. 그리스와 바벨론 신화 속 태초의 혼돈이나 플라톤의 공간chora(공간은 세계를 만드는 데 없어서는 안 되는 필수적인 것이다. 왜냐하면 공간 없이는 어떠한 생성도 받아들일 수 없기 때문이다. 공간은 모든 것을 수용하고 보호하는 것이다. 플라톤은 생성의 세 가지 요소로 첫째 '생성되고 있는 것', 둘째 '생성이 이루어지는 장소', 셋째 '생성물이 모방하는 대상'을 말한다_옮긴이), 아리스토텔레스의 제1질료hylē(아리스토텔레스는 모든 지상의 자연적·인공적 물체는 질료matter(質料)와 형상form(形相)으로 구성되었다고 보았다(질료형상설hylomorphism)_옮긴이]와 같은, 만물이 생성되는 불멸의 근원적 소재는 전혀 없다는 것이다. 이러한 이론은 물론 세계에는 본래 고유한 존재 근거가 없음을 의미하지만, 동시에 신은 세계로부터 절대적으로 단절되어 있으며, 세계를 초월해 이 세상의 모든 존재자에게 귀속되지 않는다는 뜻도 포함하고 있다.

다시 말해, 신에게 세계는 '무'와 같다. 따라서 우리가 존재(현대 철학에서는 '현상'이라고 부른다)라고 부르는 것이 시간, 공간, 형상이 있어야 성립할 수 있는 제약된 세계에서만 존재할 수 있다면, 신은 '존재'가 아닌 '존재 너머'에 존재해야 옳을 것이다.

자신을 본뜬 모습으로 인간을 창조하다

신은 천지창조를 끝내고 마지막에 인간을 만들었다. 실제로 "하나님이 자기 형상 곧 하나님의 형상대로 사람을 창조하시되 남자와 여자를 창조하시고"라는 구절이 〈창세기〉 1장 27절에 기록되어 있다. 성서의 말을 곧이곧대로 받아들인다면 인간은 신과 쌍둥이처럼 닮은꼴로 만들어졌다.

그렇다면 신을 본떠 인간을 만들었다는 말은 어떻게 해석해야 할까? 신은 간절하게 다른 존재를 원해 세계를 창조했다. 이 말은 인간도 본질적으로 타인의 존재를 갈구한다는 이야기다. 이를 '사랑'이라는 말로 표현한다면, 인간은 본질적으로 사랑하는 존재인 것이다. '하나님은 사랑이시라'라는 말은 나중에 신약성서에서 요한John이 다시 한 번 강조하는데, 어쨌든 그 논리가 성립하려면 신을 본떠 만든 인간도 사랑일 수밖에 없다.

그런데 사랑하는 존재는 자유로울 수 없다. 선택받은 자, 부정할 수 있는 자, 거부할 수 있는 자, 미워할 수 있는 자가 없다면 사랑도 성립하지 않기 때문이다. 사랑은 결코 부정적인 말을 하지 않는 존재, 인과 법칙에 따라 필연적으로 운동하는 무기물이나 기계와 같은 존재, 예컨대 로봇과 같은 개체와는 이루어질 수 없다. 로봇과 같은 개체는 기껏해야 노예에 불과하다.

따라서 서로 사랑하는 존재는 마음 깊은 곳에서부터 상대를 긍정하고, 결코 지배하거나 지배되는 관계에 놓여서는 안 된다. 지배 · 피지배의 관계는 그 자체가 사랑을 파괴하는 행위이기 때문이다. 그러므로 간절하게 사랑을 원하는 신은 자신을 거부하고 부정하는 자, 즉 죄를 범할 여지가 있는 존재를 창조했다. 로봇을 만들어봤자 사랑의 상대로는 적합하지 않기 때문이다. 절대 부정적인 대답을 하지 않는 기계를 만들어낸다 하더라도 그 기계는 타자가 될 수 없다. 부름은 허무하며, 결국에는 허공 속으로 소멸되어 간다.

바로 이 부분에 인간 창조의 가공할 비밀이 숨겨져 있다. 인간의 사랑을 갈구한 신은 급기야 인간을 자신과 대등한 존재로까지 격상시켰다. 바울Paul의 표현을 빌리면, '하나님의 어리석음'이 인간을 빚어낸 것이다.

신과 닮은꼴로서 인간이 가진 또 하나의 특징은 인간의 유일성, 절대성이다. 유행가 가사를 빌리자면, '오직 하나뿐인 그대'인 셈이다. 신이 유일하고 절대적인 존재라면 그 존재를 본떠 만든 인간도 한 사람 한 사람이 유일하고 절대적인 존재다. 이 말은 인간을 뭉뚱그려 하나의 보편자普遍者로 간주해서는 안 된다는 뜻으로도 받아들일 수 있다. '자유로운 자'라는 말 자체에 이미 인간은 보편적 범주에 일괄적으로 포함할 수 없다는 의미가 함축되어 있다. 자유로운 자인 타인을 나와 같은 부류에 포함할 근거는 어디에도 없다.

이와 같은 기독교 사상과 정반대 노선에 전체주의가 존재한다. 전체주의는 각 개인의 이상, 사상, 종교, 이데올로기를 깡그리 무시하고 일괄적으로 통제하려는 사상으로, 20세기를 광기로 몰아넣은 주범이다. 하지만 우리 인간은 각기 다른 절대자다.

사랑이란 하나의 절대자가 또 다른 절대자를 부르는 행위다. 같은 인간이라고 해서 상대를 나에게 동화하려고 해서는 안 된다. 그러므로 타인과의 대면을 거부하고 다른 사람을 피하는 것, 타인을 노예로 삼는 것, 다시 말해 자신을 절대화하는 것은 근원적인 죄다. '동화'가 아닌 '부름'이다. 신이 인간을 불렀듯, 인간도 인간을 부르고, 그 부름을 통해 신을 부른다. 그것이 신이 인간을 자신과 닮은 형상으로 빚었다는 성서 구절에 담긴 속뜻이다.

우상을 만들지 마라

> 너를 위하여 새긴 우상을 만들지 말고 또 위로 하늘에 있는 것이나 아래로 땅에 있는 것이나 땅 아래 물속에 있는 것의 어떤 형상도 만들지 말며.
>
> 〈출애굽기〉 20장 4절

이 구절은 우상 숭배를 금지한, 성서에서도 특히 유명한 계명이다. '너를 위하여'라는 말은 인간 스스로를 위해 형상을 만드는 행위가 우상 숭배임을 일깨워주는 구절이다.

신은 인간이 스스로의 이익을 위해 자신의 입맛에 맞는 신의 형상을 빚는 행위를 계명으로 금지했다. 그러나 형상을 만드는 것은 사실 인간의 본능적 욕망이다. 인간은 자신의 소망을 이루어달라고 신에게 기도하는 존재이기 때문이다. 우리는 자신의 주관으로 만들어낸 형상을 향해 기도함으로써 상황을 스스로에게 유리한 방향으로 움직이려 한다. 신은 그러한 태도 자체를 우상 숭배라며 금지했다.

우상 숭배 금지는 신을 이 세상의 다른 존재자와 동일시해서는 안 된다는 가르침과 같다. 인간이 만든 형상은 이 세상의 존재일 수밖에 없다. 그러므로 참된 신은 인간이 만들어낸 모든 형상을 초월한다. 신은 이 세상의 모든 존재를 초월한다. 이 계명은 인간의 자기중심성을 타파하는 신의 절대적 초월성을 이야기하고 있다.

3장 | 성서 속 예언자들

예언자들이 말하는 새로운 신의 모습

앞에서 살펴보았듯 구약성서의 신앙은 기본적으로 이스라엘의 민족 신앙이었다. 이스라엘 민족은 선택받은 민족으로 유일신 여호와만을 섬기며, 여호와는 이스라엘 민족을 축복하고 번영을 약속했다는 구도가 구약성서에 담겨 있는 셈이다. 하지만 예언자들은 새로운 신의 모습을 보여주기 시작한다. 민족 신앙이라는 측면에서 보면 이스라엘은 이미 여호와의 특별한 보호 아래 번영이 약속되어 있다. 그런데 예언자들은 신에게 선택받은 이스라엘을 거세게 비판하고, 징벌과 멸망을 예언한다. 즉, 여호와는 유대 민족이라는 특정한 민족을 위한 신앙이라기보다 전 인류를 대상으로 하는 보편적인 입장에 서 있는 것이다.

구약성서의 예언서는 전기 예언서 네 권과 후기 예언서 열다섯 권으로 이루어져 있지만, 여기서는 아모스, 호세아, 이사야라는 세 예언자를 통해 새롭게 밝혀진 신의 모습을 중심으로 살펴보고자 한다.

아모스, 다시 윤리로 돌아가라

아모스Amos는 기원전 8세기 후반 북이스라엘 왕국에서 활동했다. 그는 스스로를 "나는 선지자가 아니며 선지자의 아들도 아니라 나는 목자요 뽕나무를 재배하는 자로서"(〈아모스〉 7장 14절)라고 밝혔다. 사제나 랍비 같은 특별한 사람만 신의 복음을 전하는 것이 아니라 자신처럼 딱히 내세울 게 없는 사람, 평범한 농부도 신의 말씀을 듣고 복음을 전파할 수 있다고 말하고 싶었던 것이리라. 아모스의 사고방식에는 16세기 독일의 종교 개혁가인 마르틴 루터Martin Luther(1483~1546)가 제창한 '만인사제설萬人司祭說(만인제사장설)'과 일맥상통하는 부분이 있다.

먼저 아모스가 활동했던 당시 이스라엘의 대내외 상황을 살펴보자. 그 무렵, 북이스라엘 왕국은 비교적 안정적으로 번영하고 있었다. 오랫동안 북이스라엘을 괴롭히던 주변국인 앗수르와 이집트가 각각 국내 문제로 골머리를 앓느라 대외적으로 세력이 약해졌기 때문이다. 그러나 대외적 평화는 역설적으로 이스라엘 내부에서 빈부격차를 키우고, 종교적·윤리적으로 부정부패를 초래했다.

> 여호와께서 이와 같이 말씀하시되 유다의 서너 가지 죄로 말미암아 내가 그 벌을 돌이키지 아니하리니 이는 그들이 여호와의 율법을 멸시하며 그 율례를 지키지 아니하고 그의 조상들이 따라가던 거짓 것에 미혹되었음이라. 내가 유다에 불을 보내리니 예루살렘의 궁궐들을 사르리라.
> 여호와께서 이와 같이 말씀하시되 이스라엘의 서너 가지 죄로 말미암아 내가 그 벌을 돌이키지 아니하리니 이는 그들이 은을 받고 의인을 팔며 신 한 켤레를 받고 가난한 자를 팔며 힘없는 자의 머리를 티끌 먼지 속에 발로 밟고 연약한 자의 길을 굽게 하며 아버지와 아들이 한 젊은 여인에게 다녀서 내 거룩한 이름을 더럽히며 모든 제단 옆에서 전당 잡은 옷 위에 누우며 그들의 신전에서 벌금으로 얻은 포도주를 마심이니라.
>
> 〈아모스〉 2장 4~8절

아모스는 예언서에서 시종일관 이스라엘의 윤리적 타락을 규탄했다. 오늘날에는 윤리와 종교는 다르다는 것이 일종의 상식이 되었지만, 당시 세계에서는 '정의란 공공의 도리를 지키는 것이지만,

신을 믿는 것은 아니다'라는 아모스의 주장은 아주 획기적인 것이었다. 아모스에게 종교의 중심은 제의祭儀가 아니었다.

> 내가 너희 절기들을 미워하여 멸시하며 너희 성회들을 기뻐하지 아니하나니 너희가 내게 번제나 소제를 드릴지라도 내가 받지 아니할 것이요 너희의 살진 희생의 화목제도 내가 돌아보지 아니하리라. 네 노랫소리를 내 앞에서 그칠지어다. 네 비파 소리도 내가 듣지 아니하리라.
>
> 〈아모스〉 5장 21~23절

아모스는 애굽을 탈출한 유대인이 40년간 사막을 방랑하는 동안 희생제의를 올리지 않았다고 지적한다. 그런데 지금 이스라엘 민족은 우상을 모시는 축제를 떠들썩하게 벌인다. 그렇다면 아모스가 말하고자 하는 것은 무엇일까? "오직 정의를 물같이, 공의를 마르지 않는 강같이 흐르게 할지어다"(〈아모스〉 5장 24절)라는 구절을 보면 아모스의 바람이 명확하게 드러난다. 그는 종교에서 제의를 배제하겠다는 다소 극단적인 사고방식의 소유자였지만, 신앙의 핵심을 윤리로 귀의시켰고, 신의 관념을 일반인도 이해할 수 있을 정도로 쉽고, 유대인이 아닌 다른 민족도 받아들일 수 있을 만큼 보편적인 방향으로 크게 전진시키는 데 기여했다.

호세아, 하나님의 구원을 역설하다

아모스의 뒤를 이어 북이스라엘에 호세아Hosea라는 예언자가 나타난다. 호세아라는 이름에는 '구원'이라는 의미가 담겨 있다. 아모스가 '정의와 공도公道'의 예언자였다면, 호세아는 '사랑과 연민'의 예언자, 즉 하나님의 '구원'을 역설한 예언자임을 암시한다. 호세아의 구약성서 이해는 한층 깊은 경지에 도달했는데, 그것을 위해서는 호세아라는 비극적 인간이 존재해야만 했다.

> 여호와께서 호세아에게 이르시되 너는 가서 음란한 여자를 맞이하여 음란한 자식들을 낳으라 이 나라가 여호와를 떠나 크게 음란함이니라 하시니.
>
> 〈호세아〉 1장 2절

호세아의 아내 고멜Gomer은 남편의 사랑을 받으면서도 외간 남자와 정을 통하고 집을 나가 그의 아이를 낳았다. 하나님은 호세아에게 간음을 저지른 아내를 용서하고, 간통으로 태어난 자식을 양자로 받아들이라고 명했다. 이스라엘 민족이 수시로 신을 등졌음에도 신은 이스라엘 민족의 배신을 용서하고 받아들였다. 그러한 신의 마음을 호세아의 비참한 체험을 통해 간증하기 위한 시련이었다. '간증'이란 인간을 초월한 신의 마음을 인간이 직접적인 체험을 통해 미욱하게나마 이해하고 드러내는 행위다. 신의 마음은 인간이 직접 체험하여 증명하지 않으면 결코 이해할 수 없는 성질의 것이다.

호세아는 신의 마음을 간증한다는 중요한 역할을 부여받았지만, 그 때문에 간음을 저지른 아내를 받아들인다는, 인간으로서는 더없이 치욕스러운 가정생활을 감내해야 했다. 그는 기꺼이 고통을 감수함으로써 신의 깊은 사랑을 인간에게 드러내 보이는 쪽을 택했다.

> 그러므로 보라 내가 그를 타일러 거친 들로 데리고 가서 말로 위로하고 거기서 비로소 그의 포도원을 그에게 주고 아골 골짜기로 소망의 문을 삼아주리니 그가 거기서 응대하기를 어렸을 때와 애굽 땅에서 올라오던 날과 같이 하리라.
>
> 〈호세아〉 2장 14~15절

이스라엘의 구원은 어디에 있는가? 바로 참된 지아비인 여호와에게 돌아가는 것이다.

> 너는 말씀을 가지고 여호와께로 돌아와서 아뢰기를 모든 불의를 제거하시고 선한 바를 받으소서 우리가 수송아지를 대신하여 입술의 열매를 주께 드리리이다 우리가 앗수르의 구원을 의지하지 아니하며 말을 타지 아니하며 다시는 우리의 손으로 만든 것을 향

하여 너희는 우리의 신이라 하지 아니하오리니 이는 고아가 주로 말미암아 긍휼을 얻음이니이다 할지니라.
내가 그들의 반역을 고치고 기쁘게 그들을 사랑하리니 나의 진노가 그에게서 떠났음이니라. 내가 이스라엘에게 이슬과 같으리니 그가 백합화같이 피겠고 레바논 백향목같이 뿌리가 박힐 것이라. 그의 가지는 퍼지며 그의 아름다움은 감람나무와 같고 그의 향기는 레바논 백향목 같으리니.

〈호세아〉 14장 2~6절

신은 호세아의 입을 빌려 '상대방을 탓하거나 잘못을 꾸짖고 나무라며 못마땅하게 여기지 말고 있는 그대로 받아들이라'라는 신약의 가르침을 전하고 있는 것이다.

바벨론 유수, 유대인의 선민사상을 뒤흔들다

이사야는 남유다 왕국의 예언자로, 기원전 8세기에 왕국을 번영으로 이끌었던 웃시야Uzziah 왕이 서거할 무렵 홀연히 나타나 예언자로 활동하기 시작했다. 그는 아모스의 윤리주의와 종교제의에 대한 비판을 계승했으며, 신이 불공정하고 불의가 만연한 사회에 징벌을 내릴 것임을 예언하는 데 주력했다. 북이스라엘을 멸망시킨 앗수르의 손길이 이윽고 예루살렘에 미치자 이사야는 여호와의 진노의 채찍이 닥쳤다고 주장했다.

그의 예언을 담은 〈이사야〉는 총 66장으로 이루어져 있다. 〈이사야〉의 1~39장은 여호와를 배신하고 의를 저버린 이스라엘 민족에 대한 신의 분노를 전하고, 신의 무서운 심판이 내려질 것임을 강력히 주장한다. 그런데 40~55장은 39장까지와는 상반된 분위기의 내용이다. 그래서 40~55장의 저자는 이사야가 아니라는 지적이 제기되어 구약성서를 연구하는 학자들은 이 무명의 저자를 '제2이사야'라 부르기도 한다.

기원전 586년, 바벨론의 왕 느부갓네살Nebuchadnezzar의 군대가 예루살렘을 정복한다. 그들은 솔로몬이 세운 유명한 성전을 파괴하고, 성전 안의 물건을 훔쳐갔으며, 수많은 유대인을 잡아갔다. 바벨론으로 끌려가 노예 신분이 된 유대인은 기원전 583년 페르시아의 고레스 왕(키루스Cyrus, 퀴로스Kyros)에게 해방될 때까지 이방의 땅에서 슬픔과 고통에 찬 나날을 보내야 했다.

바벨론 유수는 유대인의 신의 관념을 크게 전환시킨 사건이라고 할 수 있다. 바벨론 유수 이전까지 이스라엘 민족은 자신들은 신이 선택한 특별한 민족이라고 여겼다. 그러나 바벨론 유수로 선민사상, 즉 이스라엘의 민족 신앙은 뿌리부터 흔들렸다. 그들은 다른 민족의 지배를 받아야 했고, 졸지에 타향살이를 하며 영어의 몸이 되어 갖은 고초를 겪었다. 결국 많은 유대인이 여호와 신앙을 저버렸다.

제2이사야는 바벨론 유수 이전의 예언자들과는 정반대 노선을 걷는다. 바벨론 유수 이전의 예언자인 아모스와 이사야, 예레미야 Jeremiah 등은 여호와에 대한 믿음을 저버린 민족을 규탄했지만, 제2이사야는 달랐다. 그는 위로를 전하는 예언으로 여호와의 구원에 희망을 가지도록 독려했다. 그의 예언 중에는 구원의 관념을 놀라울 만큼 심화시킨 부분도 엿보인다.

제2이사야의 예언 중에 흔히 '고난의 종의 노래'라고 말하는 구절이 있다.

> 그러나 나의 종 너 이스라엘아 내가 택한 야곱아 나의 벗 아브라함의 자손아.
>
> 〈이사야〉 41장 8절

이 대목에서 '종'이란 명백히 이스라엘 민족을 가리키지만, 다른 부분에서는 개인을 가리킨다고 해석되는 경우도 있다. 아브라함, 야곱, 요셉 등은 개인의 이름인 동시에 이스라엘 민족을 암시하는 이름으로도 해석할 수 있으므로 '고난의 종' 역시 개인인 동시에 고난을 겪는 이스라엘 민족이라고 이해할 수 있다.

> 그는 주 앞에서 자라나기를 연한 순 같고 마른 땅에서 나온 뿌리 같아서 고운 모양도 없고 풍채도 없은즉 우리가 보기에 흠모할만

한 아름다운 것이 없도다.

그는 멸시를 받아 사람들에게 버림받았으며 간고를 많이 겪었으며 질고를 아는 자라 마치 사람들이 그에게서 얼굴을 가리는 것같이 멸시를 당하였고 우리도 그를 귀히 여기지 아니하였도다.

그는 실로 우리의 질고를 지고 우리의 슬픔을 당하였거늘 우리는 생각하기를 그는 징벌을 받아 하나님께 맞으며 고난을 당한다 하였노라.

그가 찔림은 우리의 허물 때문이요 그가 상함은 우리의 죄악 때문이라. 그가 징계를 받으므로 우리는 평화를 누리고 그가 채찍에 맞으므로 우리는 나음을 받았도다.

우리는 다 양 같아서 그릇 행하여 각기 제 길로 갔거늘 여호와께서는 우리 모두의 죄악을 그에게 담당시키셨도다.

그가 곤욕을 당하여 괴로울 때에도 그의 입을 열지 아니하였음이여 마치 도수장으로 끌려가는 어린 양과 털 깎는 자 앞에서 잠잠한 양같이 그의 입을 열지 아니하였도다.

그는 곤욕과 심문을 당하고 끌려갔으나 그 세대 중에 누가 생각하기를 그가 살아 있는 자들의 땅에서 끊어짐은 마땅히 형벌 받을 내 백성의 허물 때문이라 하였으리요.

〈이사야〉 53장 2~8절

이 노래는 후세 기독교에서 예수에 관한 예언이라고 해석하는 부분이다. 그러나 바벨론 유수기부터 오늘날에 이르기까지, 유대인은 이 노래에서 이스라엘 민족의 운명과 자신들이 겪어야 했던 고난의 의미를 읽어내려 한다.

그렇다면 이 노래의 사상은 어디에서 유래했을까? 한마디로 이 노래는 철저한 '수용'에 뿌리를 두고 있다. 다른 이를 대신해 고통을 짊어지고, 종국에는 남을 위해 내 목숨을 기꺼이 내어준다는 사상이다. 제2이사야가 출현할 때까지 유대인은 앞으로 정의의 심판이 도래해 불공정과 악행은 처벌받고, 지금 겪고 있는 고난은 번영과 행복으로 보상받으리라고 기대했다. 유대인의 사상은 가장 소박한 의미에서의 종말론 사상이었던 셈이다.

그러나 제2이사야는 거의 동시대의 것으로 추정되는 〈욥기〉에서 이미 신앙과 선행은 이 세상의 행복과는 무관하다는 회의를 표명한다. 〈욥기〉에는 고난의 의미는 이 세상이라는 관점에서 보는 한 영원히 해석할 수 없다는 관점이 술회되어 있다. 욥Job은 최후에 '왜 이런 고통을 저에게 주시나이까?'라는 물음을 신에게 던진다. 신은 "네 물음은 인간으로서는 헤아릴 길이 없는 신의 마음을 인간의 척도로 가늠하려는 것"이라고 욥을 나무라고, 욥은 곧 후회한다. 제2이사야는 이러한 선상에서 한 걸음 더 나아갔다고 볼 수 있다.

다시 말해, 제2이사야가 묘사한 '고난의 종'은 부당한 대우를 당해도, 악행의 희생양이 되어도 저항하지 않고, 복수하지 않는다. 그렇다고 체념한 것은 아니며, 고통이 언젠가는 보상받는다고도 말하지 않는다. 고통은 내가 아닌 남을 위해 감내해야 하는 것이다. 다른 사람에게 깨달음을 주기 위해 내가 저지르지도 않은 죗값을 치르며 고통을 감내하고, 결국 죽음으로 속죄하는 것이다.

여기서는 권선징악이 통용되지 않는다. 그저 주어진 고통을 받아들일 뿐이다. 유대인 철학자 레비나스의 사상을 빌리면, 이러한 수동성의 궁극적 형태가 기독교에서 말하는 '신의 영광의 발현'이다. 이러한 사상을 고통 속에 영광이 있다는 뜻으로 해석해서는 안 된다. 굳이 보상을 따진다면, 인내가 신의 영광의 발현이라는 형태로 보상된다고 할 수 있다.

제2이사야의 사상이 레비나스의 사상과 동일하다고 단정할 수는 없지만, 둘의 사상은 어느 정도 공통분모를 갖고 있다. 기독교 신자는 이 '고난의 종'에서 예수의 모습을 보고, 신이 몸소 인간의 죄를 짊어지고 고통을 받다 죽고, 그 죽음으로 인간을 온전히 받아들였다고 이해해야 한다. 따라서 기독교의 신은 더 이상 구원의 신이 아니라, 인간이 되어 인간의 죄를 대신할 정도로 인간과 더불어 고통받는 신이다.

신약성서
속으로

4장 | 예수, 짧은 생을 마치다

예수의 탄생

예수의 생애는 대외적으로 활동한 약 3년간의 행적 외에는 거의 알려진 바가 없다. 대략 확실한 사실은 다음과 같은 정도다. 예수라는 이름은 구약성서의 '여호수아'에 대응하는 이름으로('예수'는 히브리어 '예슈아'의 그리스어 음독이며, 예슈아는 구약성서 〈여호수아〉의 주인공 '여호수아'의 단축형이다_옮긴이), '여호와는 구세주다'라는 의미지만, 당시 유대인 사이에서는 일반적인 이름이었다. 예수는 기원전 4년 이전에 아버지 요셉Joseph과 어머니 마리아Maria 사이에서 태어났으며, 출생지는 팔레스타인의 갈릴리Galilee 중남부에 있는 작은 도시

예수가 탄생한 팔레스타인의 작은 도시, 나사렛 © pokku/shutterstock.com

나사렛Nazareth이다(현대 성서학은 베들레헴Bethlehem 탄생 설화가 구약성서의 예언에 개연성을 부여하기 위해 만들어낸 전설이라고 추정하기도 한다. 일단 예수의 출생에 관해서는 잠시 접어두고, 그의 가족에 관해 살펴보자. 만약 예수가 요셉의 친아들이 아니라면, 예수가 다윗의 후예임을 증명하기 위해 구약성서에서 열거한 요셉의 가계도는 예수와는 무관한 것이 되고 만다. 성서 작성자들은 이러한 모순에 크게 개의치 않았던 모양이다. 사실 예수의 출생은 그다지 중요한 부분이 아니다. 우리는 예수의 출생보다는 그의 행적에 주목해야 한다).

예수는 왜 살해당해야 했을까?

예수가 태어난 시기에 유대인은 종말론을 널리 신봉하며 메시아(구세주)의 도래를 손꼽아 기다리고 있었다. 당시 유대인은 율법학자와 바리새Pharisee파(기원전 2세기에 생겨난 유대 민족의 한 종파. 율법 준수와 종교적인 순수함을 강조했으며, 형식주의와 위선에 빠져 예수를 공격했다_옮긴이)의 지도 아래 전국의 회당에서 율법을 공부하며 앞으로 닥칠 최후의 심판에 대비해 신의 나라에 들어갈 준비를 하고 있었다. 그런데 이 종교 지도자들의 가르침이 지나치게 복잡하고 보수적이어서 일반 대중은 대개 버텨내지 못했고, 까다로운 계율을 실천하느라 상당히 애를 먹고 있었다.

그 무렵, 세례 요한이 나타나 요단Jordan 강의 물로 몸을 씻고 회개함으로써 하나님의 나라에 들어갈 준비를 해야 한다고 호소했다. 세례 요한은 보수적인 율법 대신 쉬운 일상어로 복음을 전했다.

> 무리가 물어 이르되 그러면 우리가 무엇을 하리이까 대답하여 이르되 옷 두 벌 있는 자는 옷 없는 자에게 나눠 줄 것이요 먹을 것이 있는 자도 그렇게 할 것이니라 하고
>
> 세리들도 세례를 받고자 하여 와서 이르되 선생이여 우리는 무엇을 하리이까 하매 이르되 부과된 것 외에는 거두지 말라 하고

세례 요한이 회개하는 죄인들에게 세례를 베풀었던 요단 강 © OPIS Zagreb/shutterstock.com

> 군인들도 물어 이르되 우리는 무엇을 하리이까 하매 이르되 사람에게서 강탈하지 말며 거짓으로 고발하지 말고 받는 급료를 족한 줄로 알라 하니라.
>
> 〈누가복음〉 3장 10~14절

단순하고 소박한 요한의 가르침에 대중은 감명을 받았고, 금세 그를 따르는 무리가 생겨났다. 예수 역시 요한의 주장에 뜻을 같이 해 그를 찾아가 세례를 받고, 제자가 되었다. 이후 요한이 체포되어 투옥되자 예수는 독자적인 활동을 시작했다.

화 있을진저 외식하는 서기관들과 바리새인들이여 너희는 천국 문을 사람들 앞에서 닫고 너희도 들어가지 않고 들어가려 하는 자도 들어가지 못하게 하는도다.

〈마태복음〉 23장 13절

실제 예수의 행적을 기록한 복음서에 따르면, 예수 역시 기성 종단의 행태를 비판하고 있다. 예수는 갈릴리 지방으로 가서 주로 서민과 하층민, 차별받는 민족을 중심으로 새로운 인간 연대를 형성하려 했다. 이러한 예수의 행위는 율법과 사회 계층의 상하 질서를 무시한 새로운 세상, 사랑과 연민으로 가득한 세계를 형성했다. 예수의 활동은 율법을 금과옥조로 여기던 종교적 지배 계급에게 충격을 안겨주었다.

갈릴리를 중심으로 짧은 기간 활동한 예수는 기원후 30년 무렵의 봄, 제자들을 이끌고 유월절 축제가 한창이던 예루살렘으로 들어갔다. 차별과 억압의 중심인 신전 체제를 목숨을 걸고 비판하기 위해서였다. 그러나 이미 예수를 죽이려고 뜻을 모은 지도자들에게 곧 체포되었고, 로마에 반대하는 세력을 규합해 반역을 시도했다는 죄목으로 십자가형을 선고받는다. 예수와 함께 예루살렘으로 온 남자 제자들은 겁에 질려 도망쳤고, 몇몇 여자 제자들만 남아 예수의 최후를 지켰다.

5장 | 예수는 무엇을 말하는가?

율법 대신 사랑을

예수는 "건강한 자에게는 의사가 쓸데없고 병든 자에게라야 쓸데 있느니라. 나는 의인을 부르러 온 것이 아니요 죄인을 부르러 왔노라"(〈마가복음〉 2장 17절)라고 말한다. 여기서 의인은 누구일까? 바로 신전의 사제, 율법학자와 바리새인들이다. 그들은 율법을 엄수하는 덕망 높고 고결한 사람들이다. 그렇다면 병든 자와 죄인은 누구일까? 그들에 관해 알아보려면 구약성서 〈레위기〉에 명시된 계율을 봐야 한다.

여호와께서 모세에게 말씀하여 이르시되 아론에게 말하여 이르라 누구든지 너의 자손 중 대대로 육체에 흠이 있는 자는 그 하나님의 음식을 드리려고 가까이 오지 못할 것이니라, 누구든지 흠이 있는 자는 가까이 하지 못할지니 곧 맹인이나 다리 저는 자나 코가 불완전한 자나 지체가 더한 자나 발 부러진 자나 손 부러진 자나 등 굽은 자나 키 못 자란 자나 눈에 백막이 있는 자나 습진이나 버짐이 있는 자나 고환 상한 자나 제사장 아론의 자손 중에 흠이 있는 자는 나와 여호와께 화제를 드리지 못할지니 그는 흠이 있은즉 나와서 그의 하나님께 음식을 드리지 못하느니라.

그는 그의 하나님의 음식이 지성물이든지 성물이든지 먹을 것이나 휘장 안에 들어가지 못할 것이요 제단에 가까이 하지 못할지니 이는 그가 흠이 있음이니라.

이와 같이 그가 내 성소를 더럽히지 못할 것은 나는 그들을 거룩하게 하는 여호와임이니라.

〈레위기〉 21장 16~23절

율법에서는 장애인, 맹인, 나병 환자는 부정한 자로 성소 접근이 금지되어 있었다. 예수가 병든 자라고 부른 이는 바로 이런 사람들이다. 세례 요한이 옥중에서 "오실 그이가 당신이오니이까 우리가 다른 이를 기다리오리이까"(〈마태복음〉 11장 3절) 하고 제자를 시켜 묻자 예수는 이렇게 대답한다.

> 예수께서 대답하여 이르시되 너희가 가서 듣고 보는 것을 요한에게 알리되 맹인이 보며 못 걷는 사람이 걸으며 나병 환자가 깨끗함을 받으며 못 듣는 자가 들으며 죽은 자가 살아나며 가난한 자에게 복음이 전파된다 하라.
>
> 〈마태복음〉 11장 4~5절

말하자면 예수의 가르침을 들으려고 주위에 모여든 사람들은 율법에서 부정하다고 배제한 장애인과 가난한 사람이었던 셈이다. 율법에 따르면, 부정한 사람들과 교류한 예수 자신도 부정한 사람이 된다. 이후에도 예수는 여러 번 율법을 무시한다.

> 안식일을 기억하여 거룩하게 지키라.
> 엿새 동안은 힘써 네 모든 일을 행할 것이나 일곱째 날은 네 하나님 여호와의 안식일인즉 너나 네 아들이나 네 딸이나 네 남종이나 네 여종이나 네 가축이나 네 문안에 머무는 객이라도 아무 일도 하지 말라.
> 이는 엿새 동안에 나 여호와가 하늘과 땅과 바다와 그 가운데 모든 것을 만들고 일곱째 날에 쉬었음이라.
> 그러므로 나 여호와가 안식일을 복되게 하여 그날을 거룩하게 하였느니라.
>
> 〈출애굽기〉 20장 8~11절

안식일은 모세의 십계명에 의해 하나님을 공경하기 위한 성스럽고 특별한 날로 규정되었다. 예수 시대에는 안식일에 지켜야 할 금기 사항이 세세하게 정해져 있었고, 이 금기 사항을 엄격하게 지키는 것이 곧 율법에 충실하다는 증거였다.

> 그때에 예수께서 안식일에 밀밭 사이로 가실새 제자들이 시장하여 이삭을 잘라 먹으니 바리새인들이 보고 예수께 말하되 보시오 당신의 제자들이 안식일에 하지 못할 일을 하나이다.
>
> 〈마태복음〉 12장 1~2절

이러한 비난에 예수는 "나는 인애를 원하고 제사를 원하지 아니하며 번제보다 하나님을 아는 것을 원하노라"(〈호세아〉 6장 6절) 하고 답했다. 예수는 이 구절을 통해 율법을 지키는 것보다 굶주린 자를 동정하는 마음을 가지는 것이 더 중요하다고 가르친다.

> 또 다른 안식일에 예수께서 회당에 들어가사 가르치실새 거기 오른손 마른 사람이 있는지라 서기관과 바리새인들이 예수를 고발할 증거를 찾으려 하여 안식일에 병을 고치시는가 엿보니 예수께서 그들의 생각을 아시고 손 마른 사람에게 이르시되 일어나 한가운데 서라 하시니 그가 일어나 서거늘 예수께서 그들에게 이르시되 내가 너희에게 묻노니 안식일에 선을 행하는 것과 악을 행하는

것, 생명을 구하는 것과 죽이는 것, 어느 것이 옳으냐 하시며 무리를 둘러보시고 그 사람에게 이르시되 네 손을 내밀라 하시니 그가 그리하매 그 손이 회복된지라 그들은 노기가 가득하여 예수를 어떻게 할까 하고 서로 의논하니라.

〈누가복음〉 6장 6~11절

다시 말해, 예수에게는 안식일이든 아니든 선한 행위를 하는 것이 가장 중요했다. 그 밖에도 예수와 제자들은 "왜 식사하기 전에 손을 씻지 않는가?", "왜 단식을 하지 않는가?", "왜 죄인과 함께 먹고 마시는가?"라며 기성 종단의 비난을 받았다. 이 사실로 미루어 볼 때 예수와 제자들은 율법을 지키는 데는 큰 비중을 두지 않았음을 짐작할 수 있다.

율법에 대한 예수의 생각을 보여주는 또 다른 일화로 유명한 '바리새인의 기도'가 있다.

또 자기를 의롭다고 믿고 다른 사람을 멸시하는 자들에게 이 비유로 말씀하시되 두 사람이 기도하러 성전에 올라가니 하나는 바리새인이요 하나는 세리라, 바리새인은 서서 따로 기도하여 이르되 하나님이여 나는 다른 사람들 곧 토색, 불의, 간음을 하는 자들과 같지 아니하고 이 세리와도 같지 아니함을 감사하나이다 나는 이레에 두 번씩 금식하고 또 소득의 십일조를 드리나이다 하고 세리

통곡의 벽. 예루살렘 서쪽 성벽 일부를 가리킨다. © paul prescott/shutterstock.com

는 멀리 서서 감히 눈을 들어 하늘을 쳐다보지도 못하고 다만 가슴을 치며 이르되 하나님이여 불쌍히 여기소서 나는 죄인이로소이다 하였느니라.
내가 너희에게 이르노니 이에 저 바리새인이 아니고 이 사람이 의롭다 하심을 받고 그의 집으로 내려갔느니라. 무릇 자기를 높이는 자는 낮아지고 자기를 낮추는 자는 높아지리라 하시니라.

〈누가복음〉 18장 9~14절

당시 바리새인들은 도덕적으로 완전무결하다고 여겨졌다. 율법을 착실하게 지킬 뿐 아니라, 평범한 인간이라면 누구나 저지르는 악덕과는 거리가 먼 고결한 사람들로 추앙받았다. 그러나 예수는 바리새인의 손을 들어주지 않았다. 바리새인이 다른 사람들을 경멸하고, 자기만족에 빠졌기 때문이다. 요컨대 바리새인은 다른 사람을 사랑하지 않았던 셈이다.

바울이 말하듯 사랑이 없으면 아무리 도덕적으로 고결한 행위라도 의미가 없다. 그래서 예수는 바리새인을 '하얗게 회칠한 무덤'에 비유했다. 흰색은 청결한 외면을, 무덤은 내면의 죽음을 의미한다.

'착한 사마리아인', 사랑의 본질을 말하다

어느 날 한 율법교사가 "선생님, 내가 무엇을 하여야 영생을 얻으리이까?" 하고 예수에게 물었다. 그러자 예수는 "율법에 무엇이라 기록되었으며 네가 어떻게 읽느냐?" 하고 반문했다. 율법교사는 "네 마음을 다하며 목숨을 다하며 힘을 다하며 뜻을 다하여 주 너의 하나님을 사랑하고 또한 네 이웃을 네 자신같이 사랑하라 하였나이다" 하고 대답했다. "네 대답이 옳도다, 이를 행하라, 그러면 살리라"라는 예수의 말에 율법교사는 "그러면 내 이웃이 누구니이까?" 하고 다시 물었다. 그 물음에 대한 예수의 대답이 유명한 '착한 사마리아인' 비유다(〈누가복음〉 10장 30~37절).

착한 사마리아인 이야기는 예수의 가르침의 본질에 가장 근접한 이야기다. '사랑'이란 무엇이고, '영원한 생명'이란 무엇인지를 확실하게 보여주고 있기 때문이다.

한 유대인이 예루살렘에서 여리고Jericho로 내려가던 길이었다(참고로 예루살렘은 해발 고도 800미터의 고지대이며, 요르단 지구대의 끄트머리에 있는 여리고는 해발 고도 25미터의 저지대다). 그는 도중에 강도를 만나 몸에 지닌 것을 모조리 빼앗기고 빈사 상태로 길가에 버려졌다. 마침 길을 지나던 제사장이 그를 보고도 못 본척하고 멀찌감치 피해 그대로 지나갔다. 뒤를 이어 레위인도 지나갔지만, 마찬가지로 그를 보고 피해서 지나갔다. 그런데 여행 중이던 사마리아 사람이 그 길을 지나다 그를 발견하고 딱하게 여겨 응급처치를 한 다음, 자신의 나귀에 태워 주막으로 데려왔다. 그는 주막 주인에게 은화 두 데나리온Denarius(신약성서에서 많이 언급된 은화로, 한 데나리온은 노동자의 하루 품삯에 해당한다_옮긴이)을 주고는 돌아오는 길에 나머지 비용을 지불할 테니 다친 사람을 극진히 보살펴달라고 당부하고 길을 떠났다. 누가 강도를 당한 유대인의 이웃인지는 굳이 말할 필요도 없을 것이다.

이 이야기는 사랑이란 내가 사랑하는 사람에게 친절을 베푸는 것이 아니라고 가르치고 있다. 사랑하는 이에게 친절을 베푸는 정도는 죄인도 하는 일이라고 예수는 말한다.

너희가 만일 너희를 사랑하는 자만을 사랑하면 칭찬받을 것이 무엇이냐. 죄인들도 사랑하는 자는 사랑하느니라.

〈누가복음〉 6장 32절

우연히 만난 고통을 겪는 사람에게 손을 내밀어 짐을 나누어 져야 한다. 설령 그 때문에 성가신 일에 휘말리게 될지라도 도움의 손길을 기꺼이 내미는 행동이 예수가 말하는 사랑이다.

그러나 이 이야기에는 더욱 심오한 메시지가 담겨 있다. 왜 제사

세계에서 가장 오래된 도시, 여리고 © WDG Photo/shutterstock.com

장과 레위인은 동포를 보고도 못 본척하고 지나갔을까? 물론, 그들이 비정한 인간이며, 다른 사람의 불상사에 휘말리고 싶지 않았던 이기주의자였다고 말하면 그만이다. 그러나 이기심이 전부가 아니다. 제사장과 레위인은 부정 타는 것을 두려워했다. 성스러운 사람이 성스러운 일에 종사할 때는 장애인과 병자, 시체와 접촉해서는 안 된다는 불문율이 있다. 그들은 죽어가는 사람과 접촉하면 자신도 부정을 탈지 모른다는 두려움을 품고 있었다. 예수는 사랑이 없는 인간의 예로 굳이 제사장과 레위인을 언급함으로써 율법을 지키는 사람들의 비인간성을 암시했던 것이다.

한편 사마리아인은 부정한 인간이라며 유대인에게 배척당한 사람들이다. 그들은 원래 유대인과 같은 민족에 속했지만, 기원전 8세기 앗수르의 침략으로 포로가 되어 끌려간 후 이교의 영향을 받아 정통 유대교에서 멀어졌다. 그래서 유대인은 사마리아인을 경멸했다. 정통 유대인은 사마리아인과 접촉은커녕 말도 섞지 않을 정도로 그들을 꺼림칙하게 여겼다.

앞의 이야기에서 빈사 상태에 빠졌던 유대인은 제사장과 레위인에게 버림받자 자신이 부정한 인간으로 유대인 공동체에서 버려졌음을 자각한다. 그는 절체절명의 위기에 처하고서야 비로소 성스러운 율법 공동체가 비인간적인 위선자 집단임을 깨닫는다. 그제야 그는 사마리아인의 호의를 받아들일 수 있었다.

결국 이 이야기는 소외된 인간이 소외된 인간에게, 버려진 인간이 버림받은 인간에게 다가가는 이야기인 셈이다. 사랑은 소외된 사람 사이에서 생겨난다. 타인의 고통을 함께 느끼고 짊어지려면 스스로가 고통을 겪는 자여야 하기 때문이다.

잃은 아들을 되찾은 아버지

사랑과 용서에 관한 예수의 가르침을 이해하려면 '잃은 아들을 되찾은 아버지(돌아온 탕자)' 비유(〈누가복음〉 15장 11~32절)를 살펴볼 필요가 있다.

아버지에게 제 몫으로 돌아올 재산을 나누어 달라고 청해 물려받은 전 재산을 돈으로 바꾸어 먼 나라로 떠난 아우는 자아를 자각한 인간의 원형이다. 그는 자유를 얻어 방탕하게 살며 자아를 찾으려 했다. 재산을 나누어 달라는 아들의 요구에 아버지는 이미 아들의 의도와 결과를 훤히 내다보았음에도 일언반구도 하지 않고 달라는 대로 재산을 나누어 주었다. 아버지의 이러한 행위는 아들의 자유에 대한 경의라고 볼 수 있다(신은 인간이 죄를 범할 줄 알면서도 인간을 창조했다). 결코 아버지가 둘째 아들에게 냉담하거나, 아들의 운명에 무관심했기 때문이 아니다. "아직도 거리가 먼데 아버지가 그를 보고 측은히 여겨 달려가 목을 안고 입을 맞추니"(〈누가복음〉 15장 20절)라는 간결한 서술은 아들을 생각하는 아버지의 애틋한 마음을 그대로 보여준다.

방탕한 생활로 물려받은 유산을 모두 탕진하고 알거지가 된 아들은 흉년이 들자 남의 집에서 더부살이를 하며 돼지 치는 일을 해 주린 배를 채우려 했다. 그러다 결국 굶어죽을 처지가 되자 아버지의 집으로 돌아갈까 번민한다. 방탕한 아들은 유대교의 율법사회에서 보면 이중으로 부정한 몸이다. 창녀와 몸을 섞어 타락한 생활을 한 죄인이며, 돼지치기가 되어 돼지 먹이를 먹는다는, 율법에서 엄격하게 금지하는 금기를 범했기 때문이다. 그런데 아버지는 돌아온 아들에게 놀라운 태도를 취한다.

자신을 받아달라고 애걸하는 아들에게 아버지의 입에서는 단 한 마디의 책망도, 단죄의 말도 새어 나오지 않는다. 아버지는 그저 눈물을 흘리며 아들을 얼싸안고 어서 성대한 잔치를 벌이라고 말할 뿐이다. 부정한 아들을 정화 의식도 치르지 않은 채 끌어안은 아버지는 아들의 부정을 그대로 받아들인 셈이다. 아버지는 아들의 번민과 죄를 자신의 죄로 짊어진 것이다.

한편 아우의 귀환을 달가워하지 않고 분통을 터뜨리며 동생이 집에 돌아오는 것을 거부한 형은 율법 공동체를 상징하는 인물이다.

> 내가 여러 해 아버지를 섬겨 명을 어김이 없거늘 내게는 염소 새끼라도 주어 나와 내 벗으로 즐기게 하신 일이 없더니 아버지의 살림을 창녀들과 함께 삼켜버린 이 아들이 돌아오매 이를 위하여

살진 송아지를 잡으셨나이다.

〈누가복음〉 15장 29~30절

형은 아버지에 대한 서운한 마음과 동생에 대한 원망을 숨기지 않고 비난을 쏟아낸다. 형의 말은 도덕주의자인 바리새인의 심판의 말이다. 이 이야기가 우리에게 말하려는 것은 무엇일까? 아마 신은 인간의 죄를 무조건 짊어진다는 뜻이 아닐까? 죄를 심판하는 것은 신이 아닌 바리새인, 즉 우리와 같은 인간이 아닐까?

'일곱 번을 일흔 번까지라도' 용서하라

그때에 베드로가 나아와 이르되 주여 형제가 내게 죄를 범하면 몇 번이나 용서하여 주리이까 일곱 번까지 하오리이까?
예수께서 이르시되 네게 이르노니 일곱 번뿐 아니라 일곱 번을 일흔 번까지라도 할지니라.

〈마태복음〉 18장 21~22절

'일곱 번을 일흔 번까지라도'라는 말은 용서에는 한계가 없다는 뜻이다. 즉, 예수의 가르침은 무한한 용서라고 할 수 있다. 베드로Petrus의 물음에 답한 후 예수는 '용서할 줄 모르는 종' 비유(〈마태복음〉 18

장 23~35절)를 들려준다. 여기에는 무한한 용서의 가르침이 함축되어 있다.

한 왕이 종들과 셈을 밝히려 했다. 그러자 1만 달란트Talent나 되는 돈을 빚진 종이 끌려왔다. 1만 달란트라는 돈은 당시 노동자의 품삯으로 치면 20만 년 치 금액에 해당한다. 도저히 갚을 길이 없는 어마어마한 빚이다. 그의 인생에는 미래가 없다. 종은 엎드려 빌었다. 그러자 왕은 빚을 탕감해주었다. 종은 어전에서 물러난 후 자신이 100데나리온을 빌려준 동료 B를 만났다. 100데나리온은 100일 치 품삯에 해당하는 돈으로, 자신이 왕에게 빚졌던 돈에 비하면 아주 적은 푼돈이다. 그런데도 A는 B의 멱살을 잡고 빚을 갚으라고 닦달했다. B는 곧 갚을 테니 조금만 기다려달라고 애걸했지만, A는 동료의 청을 들어주지 않고 B를 고발해 감옥에 집어넣었다.

중세 독일의 성서 발췌본에는 이 이야기를 그린 그림이 있는데, 그 그림을 보면 A의 빚을 탕감해준 왕은 B와 판박이처럼 닮아 있다. 게다가 왕은 A가 B의 멱살을 잡는 장면을 빤히 보면서도 A의 빚을 탕감해준다. 이는 전대미문의 자비다. 1만 달란트를 탕감해준 상대가 돌아서자마자 고작 100데나리온 때문에 자신의 멱살을 잡을 줄 알면서도 그를 용서한다는 것이 이 이야기의 요지다.

이 그림은 성서 속 비유를 자의적으로 해석하여 그린 것이 아니다. 최후의 심판 이야기(〈마태복음〉 25장 31~46절)에도 같은 메시지가 담겨 있다. 굶주린 자, 목마른 자, 감옥에 갇힌 자 등 온갖 역경에 처한 자에게 베푼 자비는 모두 심판자인 왕에게 베푼 것과 같다는 말이 나온다. 즉, 모든 비천한 자가 사실 왕이었던 셈이다. 영원히 갚을 수 없을 정도로 막대한 빚을 탕감해준 그 왕 말이다.

고작 100데나리온의 푼돈 때문에 자신이 갚을 수 없는 어마어마한 빚을 탕감해준 은인의 멱살을 잡고 흔든 인간에게 과연 한없는 용서가 가능할까? 인간 사회의 용서는 상호적으로 이루어진다. 설령 일방적인 용서라고 해도 일곱 번 용서한다는 것은 이미 인간의 한계를 초월한 것이다. 용서할 줄 모르는 종의 비유는 상호성을 초월한 이야기다. 일방적인 용서를 '일곱 번을 일흔 번까지라도' 베풀라는 가르침인 것이다. 요컨대 우리 인간에게 무한히 자비를 베풀라고 일깨워주는 이야기라고 볼 수 있다. 용서할 줄 모르는 종의 비유는 우리에게 신은 무한히 자비로운 분이라는 메시지를 전하고 있다.

> 그러나 너희 듣는 자에게 내가 이르노니 너희 원수를 사랑하며 너희를 미워하는 자를 선대하며 너희를 저주하는 자를 위하여 축복하며 너희를 모욕하는 자를 위하여 기도하라.
> 너의 이 뺨을 치는 자에게 저 뺨도 돌려 대며 네 겉옷을 빼앗는 자에게 속옷도 거절하지 말라.
>
> 〈누가복음〉 6장 27~29절

신은 왜 히틀러를 단죄하지 않았을까?

예수의 가르침 중 가장 유명한 말은 '원수를 사랑하라'다. 예수는 복수하지 말라고 확실하게 말했다. 설령 내가 죽임을 당할지라도 복수를 해서는 안 된다고 가르쳤다. 예수의 가르침은 단순한 무저항주의와는 다르다. 무저항주의라는 말에는 마음에 들지는 않지만 참는다는 의미가 내포되어 있다. 그러나 예수의 말에는 '나를 공격하는 자에게도 마음으로부터 우러나온 선의를 베풀라'라는 뜻이 담겨 있다. 기독교에서는 이러한 예수의 가르침을 '아가페agapē'라는 말로 설명하는데, 이는 상대방의 선악에 관계없이 상대방에게 선행을 베푸는 신적인 사랑을 가리킨다. '아가페'는 말하자면 선행의 본질을 일컫는 단어다. 선행의 본질이 무엇인지는 이어지는 구절을 보면 잘 알 수 있다.

> 너희가 만일 너희를 사랑하는 자만을 사랑하면 칭찬받을 것이 무엇이냐. 죄인들도 사랑하는 자는 사랑하느니라.
> 너희가 만일 선대하는 자만을 선대하면 칭찬받을 것이 무엇이냐. 죄인들도 이렇게 하느니라.
> 너희가 받기를 바라고 사람들에게 꾸어주면 칭찬받을 것이 무엇이냐. 죄인들도 그만큼 받고자 하여 죄인에게 꾸어주느니라.

오직 너희는 원수를 사랑하고 선대하며 아무것도 바라지 말고 꾸어주라. 그리하면 너희 상이 클 것이요 또 지극히 높으신 이의 아들이 되리니.

〈누가복음〉 6장 32~35절

선한 행위란 아무런 보답을 기대하지 않고 일방적으로, 설령 원수일지라도 지속적으로 상대방에게 베푸는 것이라는 가르침이다. 예수의 말씀은 '원수를 사랑하라'라는 초인적 선행으로 선행의 본질을 논하고 있다.

그는 은혜를 모르는 자와 악한 자에게도 인자하시니라.

〈누가복음〉 6장 35절

정말로 신이 존재한다면 신은 은혜를 모르는 자에게도 한없이 인자할까? 실제로 이 세상에는 신이 존재하지 않는다고 생각하는 무신론자가 차고 넘친다. 전쟁을 벌이거나 대학살을 서슴없이 저지르고, 다른 사람을 노예로 부리며 착취하는 사람들이 끊이지 않는 것을 보며 사람들은 신이 존재하지 않는다고 말한다. 신은 마치 어디에도 존재하지 않는다는 듯 꼭꼭 숨어, 자신을 거역하는 인간들에게 벌을 내릴 기미를 보이지 않는다. 복음서에도 신의 이런 속성이 드러난다.

2,000년 전 예수가 활동했던 신약성서의 무대로 유명한 갈릴리 호수 © pokku/shutterstock.com

이같이 한즉 하늘에 계신 너희 아버지의 아들이 되리니 이는 하나님이 그 해를 악인과 선인에게 비추시며 비를 의로운 자와 불의한 자에게 내려주심이라.

〈마태복음〉 5장 45절

신은 악인에게도 똑같이 선의를 베푼다. 신은 왜 히틀러를 단죄하지 않았을까? 왜 신의 이름을 등에 업고 다른 사람을 무참하게 살인하는 자들에게 복수하지 않을까? 어쩌면 신은 극도로 폭력을 혐오하는 비폭력주의자일지도 모른다. 그런 의미에서 신은 너무나 무력하다.

그렇다면 왜 신은 무력해야만 할까? 우리는 자유의지로 자유롭게 행동하는 자를 죽일 수는 있어도 그를 나에게 동화하거나 지배할 수는 없다. 자유로운 자를 부를 수는 있지만, 부름에 응답하는 것은 어디까지나 부름을 받는 쪽의 자유의지에 달려 있기 때문이다. 그런 의미에서 선행은 항상 일방통행일 수밖에 없다. 타인을 향하는 선행이 응답을 받을지 받지 못할지는 내가 아닌 그 사람의 자유에 달려 있으며, 외부에서 강제할 수 없다. 신조차, 아니 신이기에 강제할 수 없다. 우리는 늘 누군가에게 일방적으로 선행을 베풀고, 그저 응답을 기다릴 뿐이다. 예수는 온 세상의 은혜를 모르는 자를 짊어진 '선의' 그 자체의 신인 셈이다.

힘 있는 자에게도, 힘 없는 자에게도 평등하라

신의 나라에 관해 예수는 다양한 장소에서 다양한 비유를 들어 이야기했다. 먼저 '포도원의 품꾼들' 비유를 살펴보자.

> 천국은 마치 품꾼을 얻어 포도원에 들여보내려고 이른 아침에 나간 집주인과 같으니, 그가 하루 한 데나리온씩 품꾼들과 약속하

여 포도원에 들여보내고 또 제삼시에 나가보니 장터에 놀고 서 있는 사람들이 또 있는지라 그들에게 이르되 너희도 포도원에 들어가라 내가 너희에게 상당하게 주리라 하니 그들이 가고, 제육시와 제구시에 또 나가 그와 같이 하고 제십일시에도 나가보니 서 있는 사람들이 또 있는지라 이르되 너희는 어찌하여 종일토록 놀고 여기 서 있느냐 이르되 우리를 품꾼으로 쓰는 이가 없음이니이다 이르되 너희도 포도원에 들어가라 하니라.

저물매 포도원 주인이 청지기에게 이르되 품꾼들을 불러 나중 온 자로부터 시작하여 먼저 온 자까지 삯을 주라 하니 제십일시에 온 자들이 와서 한 데나리온씩을 받거늘 먼저 온 자들이 와서 더 받을 줄 알았더니 그들도 한 데나리온씩 받은지라 받은 후 집 주인을 원망하여 이르되 나중 온 이 사람들은 한 시간밖에 일하지 아니하였거늘 그들을 종일 수고하며 더위를 견딘 우리와 같게 하였나이다.

주인이 그중의 한 사람에게 대답하여 이르되 친구여 내가 네게 잘못한 것이 없노라 네가 나와 한 데나리온의 약속을 하지 아니하였느냐 네 것이나 가지고 가라 나중 온 이 사람에게 너와 같이 주는 것이 내 뜻이니라 내 것을 가지고 내 뜻대로 할 것이 아니냐 내가 선하므로 네가 악하게 보느냐.

이와 같이 나중 된 자로서 먼저 되고 먼저 된 자로서 나중 되리라.

〈마태복음〉 20장 1~16절

뙤약볕 아래에서 온종일 일한 일꾼의 불평은 당연하다. 보수는 일의 성과와 비례한다는 것이 이 세상의 이치이며, 정의의 대원칙이기 때문이다. 포도원 주인의 방식은 일반적인 정의의 원칙과는 동떨어져 있다. 유럽에서 정의론의 대원칙은 아리스토텔레스의 '분배적 정의'라는 사상에 의해 성립되었다. 아리스토텔레스는 각자의 가치에 따라 합당하게 주어지는 것이 정의이며, 모든 이에게 그 사람의 가치와 상관없이 똑같은 대가를 주는 것은 오히려 공정하지 못한 처사라고 주장했다. 이 경우 가치에는 다양한 해석의 여지가 있다. 옛날에는 신분의 귀천이나 빈부에 따른 계급 차별이 당연하게 여겨졌지만, 오늘날에는 노동의 양이나 업무의 질, 실적 유무, 재능 차이, 체력 차이 등에 따라 다른 보수가 주어진다는 것이 사회의 암묵적 약속이다.

말하자면, 이 세상의 질서는 우수한 사람이 더 많은 보수를 받고, 열등한 사람은 적은 보수로 만족해야 한다는 원리로 성립되는 셈이다. 이 원리를 무너뜨리면 아마 우리가 사는 세상은 붕괴할 것이다. 현대의 능력주의는 아리스토텔레스가 규정했던 사상의 현실적 형태로, 인류 보편적인 사상이라고 할 수 있다.

그런데 예수는 이 분배적 정의를 부정했다. 다시 말해, 세계 질서를 지탱하는 '가치에 따라 다른 대가를 받는다'라는 정의의 관념을 부정한 것이다. 예수는 능력주의를 부정했다. 천국에서는 능력이 있는 자도 없는 자도, 공적이 있는 자도 없는 자도 똑같이 '유일무이한 존재'이며, 비교할 수 없는 절대자이기 때문이다. 인간이 신의 형상을 본떠 만들어진 존재라는 말은 이런 의미다.

천국에서 인간 개개인이 동등한 가치를 지닌다면 우리가 사는 능력주의 세상의 질서 속에 천국의 관점을 조금이나마 반영할 수는 없을까? 이처럼 천국의 원리를 인간 세상에 도입하려는 시도 중 하나가 미국의 정치철학자인 존 롤스John Rawls(1921~2002)의 사상이다. 롤스는 아리스토텔레스의 능력주의를 기본적인 전제로 삼았다. 거기에 더해 능력이란 각자에게 이유 없이 우연히 주어진 것이므로 '내 것'이 아니라 '사회의 공유재산'이라고 주장했다. 그는 유능한 자가 벌어들인 부를 사회적 약자를 위해 소비하는 사회를 구상했다.

우리가 사는 세계는 한 발 한 발 롤스가 구상했던 방향으로 나아가고 있다. 복지국가 이념도, 선진국의 개발도상국 무상원조도 우연히 받은 능력을 공유해야 한다는 사상에서 기인했다. '능력은 내 것이 아니다'라는 관점은 포도원 품꾼의 비유에서 보이는 예수의 관점, 즉 '힘 있는 자에게도, 힘없는 자에게도 모두 한 데나리온을 준다'라는 사고방식과 일맥상통하는 것이라고 볼 수 있다.

천국은 우리 가운데 있다

> 바리새인들이 하나님의 나라가 어느 때에 임하나이까 묻거늘 예수께서 대답하여 이르시되 하나님의 나라는 볼 수 있게 임하는 것이 아니요 또 여기 있다 저기 있다고도 못하리니 하나님의 나라는 너희 안에 있느니라.
>
> 〈누가복음〉 17장 20~21절

하나님의 나라가 저 하늘 구름 위 어딘가에, 이 우주 공간 어딘가에 존재한다고 믿는 사람은 과학이 발달한 요즘 세상에는 찾아보기 힘들 것이다. 천국이 시간적·공간적으로 한정된 일정한 장소에 있다고 생각하는 사람 역시 가뭄에 콩 나듯 드물 것이다. 예수 역시 물리적 공간으로서의 천국의 실재를 복음을 통해 확실하게 부정했다.

그렇다면 '하나님의 나라는 너희 안에 있느니라'라는 예수의 말은 어떻게 해석해야 할까? 이는 하나님의 나라가 '우리 마음속에' 또는 '사람과 사람 사이에' 있다는 뜻으로 받아들여도 좋을 것이다.

> 하나님이 우리를 사랑하시는 사랑을 우리가 알고 믿었노니 하나님은 사랑이시라. 사랑 안에 거하는 자는 하나님 안에 거하고 하

나님도 그의 안에 거하시느니라.

〈요한일서〉 4장 16절

우리 마음속을 사랑의 숨결이 훑고 지나갈 때 그곳에 하나님이 계시고, 하나님의 나라가 나타난다. '사랑'이란 '행동'이며 '관계'라고 할 수 있다. 사랑의 행위 그 자체가 신인 것이다. 신은 '성령pneuma(프네우마)'이라는 단어로도 표현되는데, 성령은 곧 '사랑의 숨결'을 의미한다. 예수는 우리가 사랑의 숨결에 고취되어 사랑 안에 들어갈 때 그곳에 하나님의 나라가 있다고 말한다.

그렇다면 어떤 사람이 사랑 안에 들어갈 수 있을까? 예수는 '가난한 자'라고 잘라 말한다.

너희 가난한 자는 복이 있나니 하나님의 나라가 너희 것임이요.

〈누가복음〉 6장 20절

〈마태복음〉에서는 '심령이 가난한 자'라고 했지만, 나는 〈누가복음〉에 등장하는, 수식어가 빠진 단적이며 단순한 표현이 예수가 한 말의 원형에 가깝다고 생각한다.

일반적으로 가난한 사람은 불행하다고 생각하기 십상이다. 그런데 왜 예수는 가난한 사람이 행복하다고 말했을까? 아마 가난한 사람은 지켜야 할 것이 없기 때문일 것이다. 예수는 거듭 자신을 버려야 한다고 말했다. 가진 것을 모두 버리고, 마지막에는 자신까지 버리면 진정으로 가난한 사람이 된다. 모든 것을 버리면 사람은 초라한 모습을 드러내고, 상처를 노출하고, 무력하게 그저 도움을 바라고, 나약하게 죽음을 기다리며 살아가게 마련이다. 그 순간 우리는 다른 사람을 만난다. 무방비 상태의 어린아이에게는 누구라도 마음의 빗장을 풀듯, 가난한 사람은 참된 의미의 사랑을 선물하고 받아들일 수 있는 가능성 속에 서 있는 것이다.

사랑은 지배의 반대말이기 때문이다. 모든 힘은 필연적으로 지배를 위한 것이며, 지배는 아무리 겉모습을 바꾸고 잘 포장해도 결국 또 다른 형태의 폭력에 지나지 않는다. 그러므로 사랑을 얻고자 하는 자는 힘을 버려야 한다. 문을 닫아걸지 말고 활짝 열고 기다려야 한다. 이것이 '가난한 자는 복이 있나니'라는 말에 담긴 속뜻이다. 그렇다면 가난한 자와 정반대 입장에 있는 부자는 어떨까?

> 낙타가 바늘귀로 들어가는 것이 부자가 하나님의 나라에 들어가는 것보다 쉬우니라.
>
> 〈누가복음〉 18장 25절

부자가 천국에 들어가는 것은 불가능하다. 부자는 자신을 버리지 못했기 때문이다. 부자는 재산이나 사회적 지위, 재능, 매력, 업적, 평가, 이런저런 보물 같은 것들을 양껏 끌어안고 가진 것을 지키기 위해 아등바등하며, 자신의 주위에 탄탄한 방벽을 쌓고, 경비를 배치하고, 철통같이 수비하며 타인을 차단한다. 철옹성 속에 틀어박힌 인간에게 마음을 여는 사람이 있을 리 없다. 부자 주위에는 힘을 이용해 자신의 이익이나 쾌락을 추구하려는 이기주의자들이 꾸역꾸역 몰려들어 제 배를 채우고 사라지기 바쁘다. 그러므로 힘 있는 자에게는 사랑의 문이 닫혀 있다. 그것이 부자가 천국에 들어갈 수 없는 이유다.

철저히 자신을 버려라

> 이에 예수께서 제자들에게 이르시되 누구든지 나를 따라오려거든 자기를 부인하고 자기 십자가를 지고 나를 따를 것이니라. 누구든지 제 목숨을 구원하고자 하면 잃을 것이요 누구든지 나를 위하여 제 목숨을 잃으면 찾으리라.
>
> 〈마태복음〉 16장 24~25절

예수는 평소에도 입버릇처럼 자신을 버리라고 당부해왔다. 왜 자신을 버려야 할까? 한마디로 사랑하기 위해서다. 사랑이란 내가 아닌 남을 대상으로 하는 행위이기 때문이다. 타인을 사랑하는 것은 내 마음에 드는 사람에게 친절을 베푸는 것과는 다르다. 좋아하는 사람에게 친절을 베푸는 행위는 자기애이며, 설령 죄인일지라도 할 수 있는 일이라고 예수가 가르친 바 있다. 자기애는 타인에게 가치가 없어지는 순간 그대로 소멸한다. 타인이 지위나 재산, 매력을 잃거나, 좌절하거나, 정신적으로 불안정해져 나에게 의미 없는 존재가 되거나, 짐이 될 때는 더 이상 사랑을 쏟으려 하지 않는다.

그러나 예수가 가르친 사랑은 나에게 가치가 있든 없든 타인을 내 몸처럼 사랑하라는 것이다. 그 사람이 무능하든, 정신적으로 불안정하든, 악인이든, 원수든 사랑하라고 가르친다. 예수는 자기중심적 사랑을 전면적으로 부정한다. 그것이 자신을 버리라는 말에 담긴 의미다. 바울은 "그리스도께서도 자기를 기쁘게 하지 아니하셨나니 기록된 바 주를 비방하는 자들의 비방이 내게 미쳤나이다 함과 같으니라"(〈로마서〉 15장 3절)라는 말로 자신을 버리라는 예수의 가르침을 바꾸어 말하기도 했다.

철저히 자신을 버리는 기독교의 자기희생은 때로 '십자가를 짊어진다'라는 말로 표현되기도 한다. 자기중심성이 나를 위해 힘쓰는 것이라 볼 때, 자기희생은 나를 위해서는 힘을 쓰지 않는다는 말로도 이해할 수 있을 것이다. 철저하게 나를 희생하는 행위는 결국 십자가에 매달린다는 수동성으로 나타났다. 십자가의 의미를 이해하려면 예수의 삶을 좀 더 자세히 살펴봐야 한다.

예수는 기원후 30년경, 예루살렘 성 밖의 골고다Golgotha 언덕에서 십자가형에 처해졌다. 십자가형은 당시 로마 제국의 형벌 중 하나로, 중죄를 저지른 노예나 속주屬州의 반역자에게 적용된 처형 방식이었다. 예수는 로마 제국에 반기를 든 반역자인 동시에 노예로 취급받았다고 해석할 수 있다.

그렇다면 십자가 위에서 생을 마감할 때까지 예수는 어떤 삶을 살았을까? 복음서를 보면 예수는 병자를 치료하고, 악령을 쫓아내고, 절망에 빠진 이들에게 용기를 주고, 소외된 최하층 계급의 사람들에게 삶의 희망을 주며, 타인을 위해 자신의 힘을 아끼지 않았다고 기술되어 있다. 그러나 자신을 위해서는 단 한 번도 힘을 행사하지 않았다. 예수의 이타적 삶은 예수의 첫 행적과 마지막 행적을 보면 잘 알 수 있다.

성서는 예수가 본격적인 전도 활동에 들어가기 전에 황야에서 40일간 마귀의 시험을 받았다고 기록한다. 마귀는 배고픈 예수 앞에 나타나 돌을 떡으로 바꿔보라며, 또 하나님의 아들이라면 사자(천사)들이 구하러 올 테니 성전 꼭대기에서 몸을 던져보라며 조롱했다. 또 자신을 섬기면 온 세상을 지배할 힘을 주겠다며 유혹했지만, 예수는 그 모든 제안을 단호하게 거부했다(〈누가복음〉 4장 1~12절). 예수는 자신을 위해서는 힘을 보이지도 쓰지도 않았다.

그렇다면 예수의 마지막은 어땠을까? 대제사장들과 서기관들은 십자가에 매달린 예수 주위에 모여들어 예수를 조롱하고 모욕했다.

> 지나가는 자들은 자기 머리를 흔들며 예수를 모욕하여 이르되 아

예수가 십자가형에 처해진 '골고다 언덕' © Vlade Shestakov/shutterstock.com

치마부에Cimabue의 '십자가상' © wikipedia

하 성전을 헐고 사흘에 짓는다는 자여 네가 너를 구원하여 십자가에서 내려오라 하고 그와 같이 대제사장들도 서기관들과 함께 희롱하며 서로 말하되 그가 남은 구원하였으되 자기는 구원할 수 없도다 이스라엘의 왕 그리스도가 지금 십자가에서 내려와 우리가 보고 믿게 할지어다 하며 함께 십자가에 못 박힌 자들도 예수를 욕하더라.

〈마가복음〉 15장 29~32절

예수는 갖은 모욕을 받으면서도 십자가에서 내려오려 하지 않았다. 예수의 무력함은 거기에서 그치지 않았다. 예수는 십자가 위에서 "나의 하나님, 나의 하나님, 어찌하여 나를 버리셨나이까?"라며 절망에 차 부르짖기까지 했다. 제자들은 모두 도망치고 아버지 하나님까지 자신을 버렸다는 두려움에 예수는 극도로 약해진 모습을 보인다.

사랑이란 타인에게 부려지기 위해 나를 버리는 행위이며, 나를 버린다는 것은 모든 것을 타인에게 바치고 나를 위해서는 힘을 쓰지 않는 것이다. 그 무력함의 극한에 십자가가 있다. 십자가는 예수가 자신의 생애를 통해 보여준 '신'의 의미가 아닐까? 바울은 이와 같은 예수의 삶을 "그는 근본 하나님의 본체시나 하나님과 동등됨을 취할 것으로 여기지 아니하시고 오히려 자기를 비워 종의 형체를 가지사 사람들과 같이 되셨고 사람의 모양으로 나타나사 자기를 낮추시고 죽기까지 복종하셨으니 곧 십자가에 죽으심이라"라는 말로 표현했다(〈빌립보서〉 2장 6~8절).

6장 | 바울, 이방인의 사도가 되다

최초의 신학자, 바울

바울은 소아시아의 다소Tarsus(타르수스. 오늘날의 터키 중남부_옮긴이) 출신의 유대인으로, 예수와 동년배, 즉 기원 전후에 태어나 예순 살 무렵에 로마에서 순교한 인물로 추정된다. 생전의 예수와는 만나지 못했지만, 다메섹Damascus(다마스쿠스)으로 가던 중 부활한 예수를 만나 그길로 예수의 제자가 되었다고 한다.

그는 바리새파에 소속된 순수 유대인으로, 율법을 충실히 지켜야만 구원받을 수 있다고 믿었기에 철저하게 율법에 따른 생활을 고수했다. 그래서 율법을 경시하고, 죄인도 구원받을 수 있다고 역설하는 예수의 제자들을 탐탁지 않게 여겼고, 초기에는 그들과 심하게 반목하며 박해하기도 했다. 바울은 예수의 제자들을 박해하러 가던 길에 예수를 만났다.

예수를 만나 회개한 바울은 그동안의 삶의 방식을 버리고 완전히 새로운 사람으로 거듭났다. 그는 율법이야말로 사람을 죽음으로 내모는 죄업이며, 사랑과 용서를 가르치는 예수의 신앙만이 인간을 구원할 수 있다고 설교했다. 구원이 율법의 틀을 벗어난다면 하나님은 더 이상 유대 민족만의 하나님이 아니다. 바울은 구원은 이 세상 모든 사람에게 동등하게 적용되고, 이방인도 구원받을 수 있다고 가르치며, 이방인에게 예수의 복음을 전파하는 이방인의 사도가 되었다.

바울은 생전에 몇 차례에 걸쳐 예루살렘에서 그리스를 경유해 로마에 이르는 대여정을 감행했다. 그는 그 과정에서 각지에 수많은 교회를 세우고, 각 교회에 보내는 많은 편지를 남겼다. 이 편지들은 현재 '바울의 편지'라는 이름으로 신약성서의 가장 오래된 부분을 구성한다. 바울은 최초의 신학자로, 이 편지에서 성서에 대한 소양이 깊은 순수 유대인답게 구약성서의 배경과 예수의 행적의 신학적 의미를 설명했다. 그의 사상은 후대 기독교 신자들에게 결정적인 영향을 미쳤다. 현대 신약성서에서는 그중 '로마인들에게 보낸 편지(〈로마서〉)' 등 주요한 편지 일곱 통만 친필로 간주한다. 나머지 편지는 바울의 이름으로 그의 제자들이 보냈거나, 후대에 바울의 행적을 기록한 사람에 의해 작성되었으리라고 추정된다.

박해자에서 충실한 추종자로

바울의 자전적 고백에 따르면(〈사도행전〉 9장 1~19절, 22장 3~21절), 그는 태어나면서부터 로마 제국의 시민권을 얻었고, 히브리어와 그리스어를 자유자재로 구사했다. 예루살렘으로 상경해 율법학자 가말리엘Gamaliel의 엄격한 지도를 받으며 조상의 율법을 배우고 성심성의껏 신을 섬겼다는 말로 미루어볼 때, 그는 당대의 지식인이자 전형적인 바리새인이었다고 짐작할 수 있다.

당연히 바울은 율법을 지키지 않는 죄인이 신의 사랑과 용서로 구원받을 수 있다는 예수의 가르침은 신에 대한 모욕이며, 그와 같은 가르침을 신봉하는 무리는 조상의 전통적 신앙에 반기를 든 암적인 존재라고 믿었다. 그래서 예수를 따르는 무리를 앞장서서 박해하는 박해자가 되었다.

바울은 최초의 순교자로 알려진 스데반Stephen이 돌팔매형을 당해 죽을 때 그 자리에 입회했으며, 이후에도 남녀를 가리지 않고 체포해 투옥하거나 채찍형에 처했다고 한다. 다메섹행도 대제사장에게 공문을 받아 예수의 추종자들을 잡아들여 예루살렘으로 연행하기 위해 떠난 것이었다.

다메섹으로 가던 중 바울은 하늘에서 내려오는 태양보다 밝게 빛나는 빛을 보고 정신을 잃고 말에서 떨어진다. 찬란한 빛에 눈이 먼 바울에게 "네가 어찌하여 나를 박해하느냐?"라는 말이 히브리어로 들려왔다고 한다. "주여 누구시니이까?"라는 바울의 물음에 "나는 네가 박해하는 예수다"라는 대답이 들려왔다. "제가 어떻게 하면 좋겠습니까?"라고 바울이 다시 묻자 "일어나 시내로 들어가라. 네가 행할 것을 네게 이를 자가 있느니라"라는 대답이 돌아왔다. 이것이 유명한 '바울의 회개'다.

바울이 체험한 사건이 어떠한 것이었는지 우리로서는 알 길이 없다. 다만 확실한 사실은 그 무렵부터 바울이 갑자기 다른 사람으로 변했다는 것이다. 예수의 추종자들을 체포하기 위해 다메섹으로 가던 바울은 다메섹에 도착하고 나서 며칠 만에 "예수님이야말로 구세주다"라고 공공연히 주장해 유대인들의 분노를 샀고, 결국 사형을 언도받는 처지에 이르렀다.

바울은 이전의 행적 때문에 예수의 제자들에게 신뢰를 얻지 못했고, 정통 유대교를 신봉하는 바리새인들에게도 배신자로 낙인찍혀 사면초가의 처지가 되고 말았다.

카라바조의 '사도 바울의 개종' © wikipedia

스스로 죽고 그리스도 안에 살다

> 맨 나중에 만삭되지 못하여 난 자 같은 내게도 보이셨느니라. 나는 사도 중에 가장 작은 자라 나는 하나님의 교회를 박해하였으므로 사도라 칭함 받기를 감당하지 못할 자니라.
>
> 〈고린도전서〉 15장 8~9절

> 그의 아들을 이방에 전하기 위하여 그를 내 속에 나타내시기를 기뻐하셨을 때에 내가 곧 혈육과 의논하지 아니하고.
>
> 〈갈라디아서〉 1장 16절

예수를 직접 따르던 열두 사도는 물론이고 바울 역시 십자가 위에서 죽은 예수가 부활했다는 사실을 중요한 증거로 거듭 강조했다. 바울 역시 부활한 예수를 직접 만나는 체험을 했다.

예수가 어떤 형태로 부활해 존재했는지는 우리로서는 가히 짐작도 할 수 없지만, 바울의 체험은 예수가 살아 있다는 사실을 말해준다고 보아도 무방할 것이다. 바울은 "이제는 내가 사는 것이 아니요 오직 내 안에 그리스도께서 사시는 것이라. 이제 내가 육체 가운데 사는 것은 나를 사랑하사 나를 위하여 자기 자신을 버리신 하나님의 아들을 믿는 믿음 안에서 사는 것이라"(〈갈라디아서〉 2

장 20절)라고 말했다. 그리고 "육신의 생각은 사망이요 영의 생각은 생명과 평안이니라"(〈로마서〉 8장 6절)라고도, 또 "그리스도께서 너희 안에 계시면 몸은 죄로 말미암아 죽은 것이나 영은 의로 말미암아 살아 있는 것이니라"(〈로마서〉 8장 10절)라고도 말했다.

바울의 말을 종합하면, '육체를 가진 나는 죽고, 지금 내 안에 살아 있는 것은 근원적인 생명이신 예수의 성령'이라는 것이 그의 주장의 요지인 셈이다. 그는 이러한 깨달음을 부활한 예수를 만나는 체험을 통해 얻었다고 주장했다. 바울 이외의 제자들은 모두 인간을 근원적으로 살게 하는 성령의 힘이 예수의 말씀 속에 있고, 예수의 사후에 그 힘을 자각했으며, 그것을 부활한 예수를 만나 다시금 깨달았다고 주장했다. 바울은 예수의 생전 행적을 아마 낱낱이 알고 있었을 것이다.

예수를 직접 따르던 열두 제자들이 예수의 말씀 속에 사람을 살리는 성령의 힘이 깃들어 있음을 예수의 사후에 깨달았듯, 바울도 다메섹으로 가던 길 위에서 번개처럼 내리꽂힌 예수의 말씀과 삶의 진리와 조우하고 충격을 받지 않았을까? 예수와의 만남은 율법이라는 갑옷으로 단단히 무장한 바울의 옛 자아의 붕괴이며, 동시에 그가 사랑과 용서의 세계에서 다시 태어났음을 의미한다고 볼 수 있다.

바울, 율법주의의 철옹성을 부수다

바울의 주장에 따르면, 애초에 율법은 신이 유대인을 통해 인류에게 내린, 인간이라면 마땅히 따라야 할 삶의 도리이며, 율법이야말로 유대인을 선택받은 민족으로 만들어주는 증거가 될 수 없다.

> 사람이 의롭게 되는 것은 율법의 행위로 말미암음이 아니요 오직 예수 그리스도를 믿음으로 말미암는 줄 알므로 우리도 그리스도 예수를 믿나니 이는 우리가 율법의 행위로써가 아니고 그리스도를 믿음으로써 의롭다 함을 얻으려 함이라. 율법의 행위로써는 의롭다 함을 얻을 육체가 없느니라.
>
> 〈갈라디아서〉 2장 16절

누구보다 철저하게 율법을 지키던 정통 유대인이자 바리새인이었던 바울이 왜 이런 주장을 하게 되었을까?

> 무릇 율법 행위에 속한 자들은 저주 아래에 있나니 기록된 바 누구든지 율법 책에 기록된 대로 모든 일을 항상 행하지 아니하는 자는 저주 아래에 있는 자라 하였음이라.
>
> 〈갈라디아서〉 3장 10절

바울은 한술 더 떠 율법을 지키는 사람은 저주의 위협을 받을 수 있다는 주장까지 서슴지 않는다. 그가 손바닥 뒤집듯 자신의 신념을 바꾼 이유는 도대체 무엇일까?

율법을 완벽하게 지켜 올바른 인간이 되려고 정진할 때, 인간은 인생의 다양한 상황에서 줄기차게 율법의 가르침을 의식하고, 율법의 세세한 규칙을 따지며, 자신의 일거수일투족이 율법의 테두리를 벗어나지 않았는지를 염려해야 한다. 도덕적으로 비난의 여지가 없는 완전무결한 인간이 되려면 예수에게 부정당한 바리새인처럼 남과 나를 비교하고, 자신의 초인적인 금욕에 우월감을 느끼며, 타인을 경멸하는 비인간적인 도덕주의자가 될 수밖에 없다.

율법을 지키는 삶이 타인을 단죄하는 도덕주의로 나타나든, 자신을 단죄하는 강박적인 죄책감으로 나타나든 모두 스스로를 정당화하려는 이기심의 또 다른 형태로 볼 수밖에 없다. 바울은 율법을 엄격하게 고수하는 삶은 살아 있어도 죽은 것과 같으며, 참된 자아를 상실한 상태임을 깨달았을 것이다. 율법을 완전하게 준수하는 것은 도덕적으로 불가능하며, 율법주의를 고수하는 삶에는 인간의 따뜻한 피가 흐르지 않는다. 어쩌면 바울은 불가능에 도전하는 파멸적인 방식으로 스스로를 채찍질해 깨달음을 얻고자 하지 않았을까?

율법주의는 신의 뜻을 철저하게 따르는 삶을 살겠다는 각오이며, 무신론은 신의 존재 자체를 철저하게 부정하는 사고방식이다. 이 둘은 얼핏 정반대되는 생각처럼 보이지만, 둘 모두 스스로를 합리화해 인생의 명분을 찾겠다는 이기심의 발로라는 점에서는 공통분모를 갖는 사고방식이라고 볼 수 있다. 바울은 누구에게도 뒤지지 않는 바리새인이었으므로 틀림없이 도덕주의의 격렬한 파국과 그에 따른 자아의 결정적인 붕괴를 체험했을 것이다.

그렇다면 인간은 율법 대신 무엇을 믿고 따라야 할까? 바울은 인간의 죄를 대신해 죽은 그리스도를 통해 거듭나야 한다고 말한다(참고로 '그리스도'라는 말은 히브리어의 '메시아'를 그리스어로 바꾼 말로, '기름 부음을 받은 자'를 의미한다. 구약성서에서는 왕, 사제, 예언자 등을 지칭하는데, 신약성서에서도 세속적인 의미를 계승하면서 차츰 '죄에서 구제된 자'라는 의미로 순화되어 갔다).

인간의 불의不義는 하나님의 진노를 불러왔지만(〈로마서〉 1장 18절), 인간의 죄를 대신해 죽은 그리스도가 그 진노를 달래고 신과 인간을 화해시켰다고 바울은 주장한다. 그리스도는 십자가 위에서 인간의 죄를 대신해 죽음으로써 인간의 죄를 속죄하는 제물로 스스로를 신에게 바쳤다. 바울은 그리스도의 죽음으로 인간은 아무런 대가 없이 '죄 사함'을 받을 수 있었다고 말한다(〈로마서〉 3장 21~26절).

바울의 주장의 밑바탕에는 구약성서에서 볼 수 있는, 신의 진노를 달래기 위해 속죄양을 바친다는 사상이 깔려 있다. 즉, 죄 많은 인간이 신의 진노를 달래고, 스스로의 죗값을 치르려면 죄의 크기와 맞먹는 초인적인 희생이 따라야 하는데, 예수가 그런 인간의 죄를 대신해 속죄양이 되었다는 사상이다. 예수의 죽음은 신이 인간과의 화해를 위해 자신의 외아들을 죽음에 내준 것과 같은(여기서 우리는 앞에서 살펴본 이삭의 봉헌 이야기를 떠올릴 수 있다), 믿을 수 없을 정도로 크나큰 사랑의 행위라고 바울은 말한다(〈로마서〉 5장 5~10절).

이러한 바울의 설명을 현대인이 충분히 납득하고 이해할 수 있을지 모르겠지만, 어쨌든 예수의 대리 속죄는 제2이사야의 '고난의 종'에서 이미 예언되었고, 예수가 십자가 위에서 죽음으로써 성취되었다. 인간의 구원을 위해 스스로를 희생한 예수 그리스도의 죽음만이 인간을 바른 길로 이끌고 구원할 수 있다는 사상은 율법이 아닌 신앙만이 인간을 구원할 수 있다는 루터의 종교개혁의 기본 이념으로 유명한 정립These(定立)과도 일맥상통한다.

율법의 완전한 준수로 스스로를 완성하고자 하는 노력은 일종의 자기합리화이며, 인간이 유한한 존재인 이상 이러한 도덕주의는 파괴를 피할 도리가 없다. 인간은 유한한 존재이기 때문에 불완전하며, 완전무결함을 목표로 하는 도덕주의는 유한한 인생의 어느 순간에 파국을 맞을 수밖에 없다. 바울은 이전의 자아가 파괴되고 새로운 자아를 얻는 과정을 "이제는 내가 사는 것이 아니요 오직 내 안에 그리스도께서 사시는 것이라"라는 말로 설명했다. 즉, 철저하게 외부의 힘으로 자신을 개혁한 것이다.

이제 내가 육체 가운데 사는 것은 나를 사랑하사 나를 위하여 자기 자신을 버리신 하나님의 아들을 믿는 믿음 안에서 사는 것이라.

〈갈라디아서〉 2장 20절

이는 "제 힘으로는 어쩔 수 없습니다. 도와주십시오"라고 절규하며 신에게 매달리는 모습과 다름없다. 자아의 밑바닥에서 자아를 지탱하는 한층 큰 생명의 근원을 그리스도의 이름으로 부르고 있는 셈이다. 예수는 우리를 사랑과 용서의 세계로 인도하고, 마음의 평화를 주는 존재다. 도덕주의를 고수하다 긴장을 견디지 못하고 무너져내렸던 바울은 예수가 선물한 평안한 세계에서 마침내 깨달음을 얻었다.

그렇다면 철저한 자아의 붕괴를 경험한 바울의 최후는 어땠을까? 그는 예루살렘에서 체포되었지만, 로마 시민권을 가진 로마 시민이었기 때문에 재판을 위해 로마로 호송되었다. 하지만 로마 법정에서는 그에게 사형을 선고할 구실을 찾지 못했고, 그는 로마에서 2년 동안 자유롭게 하나님의 나라를 알리고 다녔다. 바울의 로마 전도에 관해 기술한 〈사도행전〉 28장을 보면, 로마에 있던 유대인들이 예수의 추종자들을 유대교의 한 분파로 간주했지만, 유대교에서는 이 새로운 분파를 받아들이지 않았음을 알 수 있다. 마지막으로 바울은 "그런즉 하나님의 이 구원이 이방인에게로 보내어진 줄 알라. 그들은 그것을 들으리라"라고 말한다. 〈사도행전〉은 이렇

바울의 순교지인 로마의 '산 파올로 알레 트레 폰타네 교회'
© Mirek Hejnicki/shutterstock.com

게 끝을 맺으며, 그 밖의 것들은 모두 전승에 해당한다.

기원후 64년경 로마에서는 네로 황제Nero(37~68. 로마 제국의 5대 황제_옮긴이)의 명령으로 기독교에 대한 박해가 시작되었으며, 아마 바울도 이때 처형되었을 것이다. 당시 바울이 연행되며 지나갔던 성문에는 현재 '사도 바울의 문'이라는 이름이 붙어 있다. 성문을 통과하면 푸른 소나무가 아름다운 자태를 뽐내는 오스티아Ostia 거리가 시작된다. 바울은 이 문에서 2킬로미터 남짓 떨어진 소나무 둥치에서 참수되었다고 한다. 바울이 처형당한 곳에서 세 개의 샘이 솟아났고, 훗날 '산 파올로 알레 트레 폰타네San Paolo alle Tre Fontane(세 개의 샘이라는 뜻) 교회'가 세워졌다.

율법주의의 철옹성을 부순 바울은 더 이상 유대인의 전통에 얽

매일 필요가 없었다. 그는 아직 유대교의 전통에서 벗어나지 못한 베드로에게 과감하게 도전하며 예수의 가르침을 이방인에게 널리 알리는 데 앞장섰던 인물이었다.

> 너희는 유대인이나 헬라인이나 종이나 자유인이나 남자나 여자나 다 그리스도 예수 안에서 하나이니라.
>
> 〈갈라디아서〉 3장 28절

예수의 가르침은 이렇게 바울에 의해 세계 종교로 가는 첫걸음을 떼게 되었던 것이다.

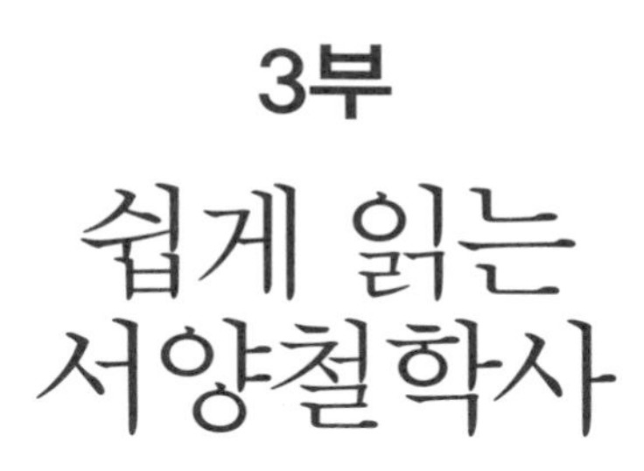

3부

쉽게 읽는 서양철학사

1장 | 중세 기독교 철학자, 인간과 신을 논하다

아우구스티누스, '인간의 존재와 신의 삼위일체'

유럽 사상은 본질적으로 그리스 사상과 히브리 신앙이라는 두 개의 주제를 중심으로 연주되는 변주곡이라고 할 수 있다. 우리는 1부와 2부에서 이들 주제를 감상하며 유럽 사상의 토대를 어느 정도 이해했다. 지금부터 소개할 3부는 2,000년에 걸친 유럽 철학의 현란한 심포니에서 추출한 두 주제의 변주곡 중 몇 소절에 해당하는 셈이다.

그리스 철학은 플라톤과 아리스토텔레스에 이르러 창조력이 정점에 도달했고, 이후에는 금욕주의를 내세운 스토아학파Stoicism, 쾌락주의를 주창한 에피쿠로스학파Epicurean School, 신비주의적인 신플라톤주의 등의 흥미로운 철학이 전개되지만, 이전 시대와 같은 활기는 찾아볼 수 없다. 유럽 철학의 새로운 바람은 아리스토텔레스가 세상을 떠난 지 300년이 지난 후, 기독교가 융성하고 이 신앙이 그리스 철학과 조우해 합리화 과정을 거치고 나서 다시 400년이 흘러 아우구스티누스가 태어나면서부터 불기 시작한다.

아우구스티누스(354~430)는 북아프리카의 타가스테Thagaste(오늘날 알제리의 수크 아라스Souk-Ahras_옮긴이)에서 이교도로 태어났다. 카르타고Carthago, 로마, 밀라노 등지에서 방탕한 생활을 하며 변론술사로 활동하기도 했고, 한때 마니교(3세기 초 예언자 마니Mani가 페르시아에서 창시한 종교로, 조로아스터교Zoroastrianism에 뿌리를 두고 있다. 빛과 어둠, 선과 악 등 이원론적 교리를 바탕으로 하며, 금욕적 생활을 권장한다_옮긴이)에 심취하기도 했다. 그러다 서른 살 무렵에 극적으로 회개하고, 기독교로 귀의해 신자가 되었다.

그가 겪은 신앙적 방황과 인생 이야기는 철학적 자서전이라고 일컬어지는 《고백록》에 소상하게 기술되어 있다. 아우구스티누스는 북아프리카 히포Hippo에서 사제직을 맡아 격무에 시달리면서도 경이적인 사색을 수행해 후대를 위한 기독교 신학의 기초를 닦았다. 그의 방대한 업적 중 '인간은 신의 모습을 본떠 창조되었다'라는 부분에 중점을 두어 살펴보자.

우리는 우리 안에서 신의 형상을 발견한다.

즉, 우리는 존재한다. 또 동시에 자신이 존재한다는 사실을 안다. 우리는 존재를 자각하고, 그 존재와 지성을 사랑한다. 이 구조가 신의 삼위일체의 형상이다.

아우구스티누스, 《신국론De Civitate Dei》 11권 26장

아우구스티누스는 무엇을 말하고자 했을까?

나는 내가 존재한다는 사실을 자각적으로 안다. 이 앎은 나의 외부에 있는 사물을 지각하는 경우의 앎과는 다르다. 후자의 경우에는 인식하는 자와 인식되는 사물이 분리되어 있기 때문에 언제라도 오류의 가능성이 있으며, 인식되는 사물이 애초에 존재하지 않을 가능성도 있다. 예를 들어, 신기루를 보는 경우가 그렇다. 반면 자기 인식은 인식하는 자와 인식되는 자가 분리되어 있지 않기 때문에 내가 존재한다는 사실은 절대적인 참이 될 수밖에 없다. 왜냐하면 진리란 인식하는 행위와 인식되는 행위의 합치合致로, 자기 인식은 이들 본성 위에서 합치가 필연적으로 이루어지기 때문이다.

고로 만약 내가 기만당한다면 나는 존재하는 것이다. 존재하지 않는 자가 기만당할 수는 없기 때문이다.

아우구스티누스, 《신국론》 5권 10장

아우구스티누스는 이와 같은 논리적 과정을 거쳐 내가 존재한다는 사실이 절대적으로 참이라는 명제를 확립했다. 아우구스티누스의 사색은 얼핏 후대 철학자인 르네 데카르트René Descartes(1596~1650)가 수행했던 '방법적 회의'의 원형처럼 보인다. 그러나 아우구스티누스와 데카르트는 사색의 동기부터 다르다. 데카르트는 방법적 회의의 결과로 얻어진 '사유하는 자기 존재의 절대적 진리성'을 다양한 진리가 도출되는 근본적 진리로 정립하려 했다. 반면 아우구스티누스의 사색은 데카르트와 같은 인식론적 동기가 아닌, 실존적 동기에서 출발했다. 다시 말해, 아우구스티누스는 회의론의 망망대해 속에서, 모든 존재가 상대화되는 이 무한한 세계 속에서 아른거리는 희미한 자아가 절대로 의심할 수 없는 확고부동한 실재임을 확

초기 기독교 교회의 대표적인 교부敎父, 아우구스티누스

인하려 했던 것이다.

내가 존재한다는 사실은 절대적인 참이다. 내가 기만당한다면 나는 존재하는 것이다. 그리고 나는 그 사실을 안다. 내가 존재한다는 자각은 그 사실을 인지하고 있기 때문에 가능한 것이다.

그렇다면 내가 나의 존재를 사랑하고, 그 앎을 사랑한다는 말은 무슨 의미일까? 아우구스티누스는 아마 이렇게 생각했을 것이다.

모든 존재는 존재 자체에 기쁨을 느낀다. 누구나 아무리 비참한 상태에 있더라도 죽어서 존재가 소멸되기보다는 계속 존재하기를 소망한다. 비단 인간뿐 아니라 동물도 식물도 무생물도 마찬가지다. 이것이 존재를 사랑한다는 말에 담긴 뜻이라고 해석할 수 있지 않을까?

그렇다면 앎을 사랑한다는 말은 무슨 뜻일까? 아우구스티누스는 아리스토텔레스가 《형이상학》의 첫머리에서 이야기한 것과 일맥상통하는 논리로 사유를 전개한다. 즉, 모든 사람은 본성적으로 '지식'에 대한 욕구를 갖고 있다. 인간이 얼마나 기만당하기를 원치 않는지가 지식에 대한 인간의 욕구를 방증한다. 인간은 광기에 빠져 환희를 느끼기보다는 건전한 이성으로 고뇌하는 쪽을 선택한다.

이렇게 내가 존재하고, 내가 존재한다는 사실을 알고, 나의 존재와 내가 존재한다는 사실을 앎을 사랑한다는 인식 구조가 성립한다. 이 인식 구조는 성부, 성자, 성령이 하나가 되어 완전한 하나를 이루는 삼위일체 구조와 일맥상통한다. 즉, 우리의 인식 구조는 신이 우리를 자신과 닮은꼴로 빚었다는 사실을 증명한다. 그러므로 우리는 외부 세계를 여기저기 돌아다니는 대신, 스스로의 내면에서 자신을 초월하고 신을 영접해야 한다. 신은 영원한 존재, 진리 그 자체, 사랑 그 자체로, 우리 마음속 가장 깊숙한 곳에서 우리를 기다리고 있다(아우구스티누스, 《고백록》 10권 24~27장).

아퀴나스, 이성과 신앙의 균형을 꾀하다

중세 기독교 철학은 문제의식 면에서도 방법 면에서도 결코 뭉뚱그려 하나의 덩어리로 논할 수 없다. 중세 기독교 철학은 각양각색의 문제의식과 방법을 토대로 전개되기 때문이다. 그중 중세 철학 전체를 대표하는 사람을 꼽는다면 역시 토마스 아퀴나스Thomas Aquinas(1225?~1274)를 언급하지 않을 수 없다. 아퀴나스는 그가 태어나기 전에 이단으로 분류되어 배척당하던 아리스토텔레스 철학을 근본적으로 수용함으로써 그리스 사상의 본질적 특징을 다시금 되살려냈으며, 동시에 이를 기독교 신앙과 조화시켜 이성과 신앙의 독특한 균형을 달성한 인물이기 때문이다. 그의 철학은 근세 철학자인 칸트와 마찬가지로 선대의 사상이 모조리 유입되는 호수이자, 그가 세상을 떠난 후 다양한 사상이 유출되어 분기되고 다듬어지는 사상적 원천이 되었다.

아리스토텔레스는 다양한 의미에서 회자되는 '존재(있음)'를 카테고리(범주)로서의 존재, 현실태現實態(어떤 것이 실현된 상태로 있음)와 가능태可能態(어떤 것이 잠재 상태로 있음)로서의 존재, 참으로서의 존재, 부대성(딸려 있음)으로서의 존재 등 네 종류로 나누어 분석했지만, 이들을 한층 통일성 있게 정리하는 작업까지는 이루지 못했다 (아리스토텔레스, 《형이상학》 6권 2장).

아퀴나스는 아리스토텔레스의 내면에 숨어 있던 의도에 기독교 신앙이라는 빛을 비추어 명확하게 구체화하는 업적을 남겼다. 존재한다는 것은 스스로 서는 것이다. 다시 말해, 존재란 실체實体다. 카테고리란 술어로 이야기되는 '존재'의 다양한 의미를 가리키는데, 그중 실체가 가장 뛰어난 의미의 '존재'이며, 다른 카테고리, 즉 성질, 양, 관계, 시간, 공간, 능동, 수동 등은 실체에 의존하는 부수적이고 2차적인 '존재'다.

예를 들어, '기원전 399년에 아테네의 법정에서 소크라테스는 무신론자라는 죄목으로 사형 판결을 받았다'라는 문장이 있다고 치자. 이 문장은 기원전 399년이라는 '시간', 아테네의 법정이라는 '장소', 무신론자라는 '성질', 사형을 언도받았다는 '수동성', 그리고 소크라테스라는 '실체'를 나타낸다. 이 문장의 기술은 모두 존재를 표방하지만, 소크라테스 이외의 기술은 모두 소크라테스라는 실체에 의해 뒷받침되며, 소크라테스라는 존재로 수렴되어 성립한다.

그런데 존재에는 '현실태', '가능태'라는 의미도 있다. 현실태란

'활동하고 있다', '작용하고 있다'라는 의미이며, 가능태란 '현실로 이루어질 수도 있지만 이루어지지 않을 수도 있다'라는 잠정적 의미다. 따라서 '현실태에 있는 실체', 다시 말해 '현실에서 활동하는 실체'가 '존재'한다는 사실이 증명된다. 좀 더 구체적으로 표현하면, 죽은 소크라테스도 잠자는 소크라테스도 아닌, 반박 대화를 펼치는 소크라테스가 '존재'한다고 할 수 있다.

그러나 소크라테스는 죽었다. 모든 유한한 존재자는 잠시 활동하다가 언젠가는 사멸한다. 그러므로 모든 멸망 가능한 존재자의 근원에 활동 그 자체로서의 '순수 현실태(순수하여 어떤 가능태도 지닐 필요가 없는 것_옮긴이)'인 존재자가 있어야 한다. 다시 말해, '존재하는 것도 존재하지 않는 것도 가능한 가능적 존재자'는 '자기 안에 미미한 가능성도 내포하지 못한 활동 그 자체'이므로 필연적으로 존재하는 순수 현실태가 없으면 애초에 존재로서 나타날 수 없다. 이것이 아리스토텔레스가 《형이상학》 12권에서 전개한 '신의 존재 증명'의 골자로, 토마스 아퀴나스는 이 사상을 수용해 '순수 현실태인 존재 그 자체로서의 신'이라는 개념을 완성했다.

> 존재 그 자체는 모든 것에 대한 현실태의 위치에 있다. 사물이 현실성을 갖는 것은 그 자체의 존재에 국한되며, 따라서 존재 그 자체는 모든 것에서 그 현실성의 근원에 있기 때문이다.
>
> 아퀴나스, 《신학대전Summa Theologica》 1부 4문 1항

앞에서 살펴본 것처럼 존재에는 다양한 의미가 있으며, 존재 사이에도 상당한 정도 차이가 있다. 예를 들어, 실체와 속성, 둘 중에서는 후자의 존재 정도가 희박하며, 현실태와 가능태에서도 마찬가지로 후자의 존재 정도가 희박하다. 그러나 같은 '존재'라는 단어를 사용하는 이상, 모든 상황에 통용되는 일관된 의미가 있어야 한다. 아리스토텔레스는 이를 '유비類比에 의한 통일(유추적 문제 해결. 상황이 유사한 경우, 과거에 문제를 해결한 경험을 활용하여 현재의 문제를 해결하는 방법_옮긴이)'이라고 보았고, 아퀴나스는 이 사상을 계승해 유비의 중심적 의미를 '순수 현실태인 존재와 그 자체로서의 신'에 두고, 실체도 속성도 포함한 모든 피조물은 이 중심적 의미를 적절히 나누어 가짐으로써 '존재'한다고 믿었다.

즉, 모든 피조물이 신에게 존재를 부여받아 신의 존재를 나누어 가짐으로써 존재하므로 신이란 다소 연속성을 가진다. 신과 개개의 존재 사이의 경계는 사고가 단절될 정도로 간극이 있지만, 피조물은 모두 본래의 근원으로서 어딘가에 신을 표방하고 있는 셈이다(아퀴나스,《신학대전》1부 8문 1항).

아퀴나스는 인식론적 측면에서도 아리스토텔레스의 사상을 이어받았다. 그는 모든 인식은 외부 세계에 대한 감각적 경험에서 비롯된다고 믿었다. 즉, 이성이 감각을 통해 갖가지 사물의 본질을 파악하는 활동이 인식이라는 주장이다. 따라서 신에 대한 인식도 자연적 세계에 있는 존재자에 대한 인식에서 시작되어야 옳다. 온갖 자연적 존재자(유한한 존재자)는 '존재 그 자체'에 의해 창조되어 지속적으로 유지되고 보수됨으로써 존재하므로 어느 정도 순수 현실태인 존재 그 자체를 표방하며, 신에 대한 인식의 출발점이 될 수 있다는 것이 아퀴나스가 주창한 자연신학의 길이다.

칸트는 훗날 《순수이성비판》에서 자연신학은 현상세계에서만 해당하는 인과율因果律(어떤 상태나 원인에서 다른 상태나 결과가 필연적으로, 즉 일정한 법칙에 따라 일어나는 경우, 이 법칙을 '인과율' 또는 '인과의 법칙'이라고 부른다_옮긴이)을 초월적 세계에까지 적용하는 논리적 오류를 범했다고 비판했지만, 세계가 신을 표방한다는 생각은 여러 종교에 공통되는 사상이다. 자연신학만이 범한 특별한 오류가 아닌 지극히 보편적인 사상인 셈이다. 동시에 세계가 신을 표방한다는 생각은 목적론으로도 바꾸어 말할 수 있다. 즉, 유한한 존재자가 존재의 지속과 선의 실현을 추구하며 활동할 때, 이 활동은 자신을 넘어선, 존재를 충만하게 하는 일체감이며, 선의 근원인 신을 추구하는 행위로, 궁극적으로 신으로 귀결된다고 할 수 있다.

중세 말 격변기, 오컴이 등장하다

14세기에서 15세기에 걸쳐 유럽 세계에서는 사상적 격변이 일어났다. 기성 세계를 규정하던 신앙과 이성의 조화, 사회의 보편적 통일이라는 사상적 기반이 붕괴하고 분열과 변혁의 시대로 접어든 것이다. 도시에서는 시민 계급이 힘을 얻어 봉건적 사회 체제의 틀을 타파하고 활동하기 시작했으며, 학문의 영역에서는 신학과 철학의 분리가 심화되어 유명론nominalism(唯名論), 경험론empiricism(經驗論), 주의주의voluntarism(主意主義. 주지주의主知主義와 반대되는 개념으로, 의지가 지성보다 우위에 있다고 생각하는 철학 사조_옮긴이) 등의 새로운 사조가 생겨났다. 이 시기에 일반 민중은 정신적 자각에 눈을 떠 성직자의 통제에서 벗어나 개인으로 자립하고, 스스로 신앙의 길을 모색하기 시작했다.

라인 강 하류의 플랑드르Flandre 지방에서는 신비주의가 꽃을 피웠다. 여염집 아녀자가 성직에 귀의하지 않고 속인의 신분으로 수도원을 결성해 병자를 간호하고 학교 교육에 종사하는 재속 여성 종교 집단인 베긴회Béguinage 운동이 일어난 것도 이 무렵이었다. 그녀들의 정신적 지도자였던 마이스터 에크하르트Meister Eckhart(1260?~1327)는 속세의 모든 것을 버리고 완전한 청빈이라는 무의 경지에 도달하는 순간, 우리는 마침내 신과 하나가 될 수 있다고 역설했다. 에크하르트가 세상을 떠난 후 그의 사상은 이단으로 규정되었고, 그를 따르던 사람들은 모두 종교재판에 회부되어 이단 심판을 받아야 했다.

아퀴나스가 완성한 신앙과 이성의 조화는 개별화의 원리로 '개성 원리Haecceitas('이것'이라는 형상적 한정)'를 주장한 존 던스 스코터스

John Duns Scotus(1266~1308)의 비판을 받아 권위가 실추되며 잠시 주춤했지만, 윌리엄 오컴William of Ockham(1285?~1349)의 등장으로 다시 한 번 주목받게 된다(개별화의 원리는 아리스토텔레스의 《형이상학》에 나오는 개념으로, 하나의 개체를 다른 개체와 구별되게 만들어주는 근거가 형상인가 질료인가 하는 물음을 가리키며, 개성원리는 사물의 본바탕이 개체마다 독특하게 다르다고 보아 그 개체와 다른 사물을 구별하려는 원리를 말한다_옮긴이). 오컴은 토마스 아퀴나스의 사상을 계승해 집요할 정도로 철저하게 파고들었다.

오컴에 의하면, 모든 인식은 구체적인 사물에 대한 직접적인 감각적 경험을 기초로 삼아 이론적으로 도출된 것이어야 했다. 우리가 사용하는 개념과 명사는 대부분 사물을 지칭하는 기호이며, 그런 의미에서는 보편적이지만, 그 기호에 대응하는 수많은 사물에 공통적으로 내재된 보편적인 형상은 존재하지 않는다. 존재하는 것은 각각의 사물뿐이며, 그 사물을 감각적 경험을 매개로 지성이 직접 파악하는 것이다. 이와 같은 사상을 유명론이라 한다.

이 문제는 이미 12세기에 논쟁의 대상이 되었으며, 피에르 아벨라르Pierre Abélard(1079~1142)가 해결책을 제시했다. 아벨라르는 실재하는 것은 분명 각각의 사물이지만, 보편이란 수많은 사물에서 인간 지성으로 추출한 사물의 본성(형상)을 나타내며, 그 내용은 창조주인 신의 정신 속에 내재되어 있다고 주장했다. 오컴은 한발 더 나아가 아벨라르가 제시한 본성마저 필요하지 않다고 역설했다. 각각의 사물이 서로 닮아 있기만 해도 충분하다는 것이다. 그는 불필요한 설명 원리를 배제하고 이른바 '오컴의 면도날Ockham's Razor('존재는 필요 이상으로 수를 늘려서는 안 된다'라는 오컴의 명제를 말한다. 불필요하게 많은 전제를 설정하지 않아야 경제적인 사고가 가능하다는 주장이다_옮긴이)'이라 부르는 사고 원리를 도입했다. 오컴의 사고방식에 따르면 개별화의 원리라는 문제 자체가 사라진다.

오컴의 사상에서 두드러지는 점은 형이상학(사물의 본질과 세계의 근본 원리 등 눈에 보이지 않는 것을 연구하는 학문_옮긴이)에서의 탈피와 경험주의로의 전환이다. 오컴의 사상은 보는 관점에 따라 다소 기이하게 여겨지기도 한다. 그는 본래 신앙심이 깊은 신학자였기 때문이다. 다시 말해, '신은 전능하시다'라는 신앙적 명제가 그의 사상의 출발점인 셈이다. 이 명제는 철학적으로 증명할 수 없는 성질의 것이며, 그저 믿는 수밖에 없다. 그러나 만약 신의 전지전능함을 믿을 수 있다면, 세계가 다른 빛으로 충만해 보일 것이다. 신이 전지전능하다면 신은 모순을 포함하지 않는 모든 것을 행할 수 있다. 그러므로 신은 창조에 아무런 제약을 받지 않는다. 즉, 신의 정신 속에는 창조의 원형이 되는 보편적인 이데아가 존재하지 않으며, 창조로 보편적인 본성이 확정되지도 않는다.

신은 이데아와 같은 매개 없이 직접적인 의지로 창조한다. 따라서 이 세계 안에 있는 여러 존재자의 본성과 그 제반 관계는 창조자인 신이 자유롭게 결정한 결과를 반영하며, 이 질서는 신의 자유로운 결정 이외의 원인을 갖지 않는, 신에 의해 항상 변경되는 세계에 지나지 않는다. 다시 말해, 모든 경험적 관계와 세계 질서는 우연의 산물이며, 논리적으로 선험적先驗的인 연역(경험을 통하지 않고 이미 알고 있는 것들로부터 연역법에 근거한 추론을 펴는 것_옮긴이)도 불가능하다면, 이를 뒷받침할 근거도 없다.

이러한 논리적 사유를 거쳐 오컴은 세계가 상호 간에 필연적 관계가 없는 여러 존재자에 의해 분할되어 있다고 주장했다. 자연의 질서란 이들 여러 존재자의 연속적 공존이며, 그 공존의 우연성을 뒷받침하는 것은 신의 의지다. 이와 같은 사유는 세계의 질서를 자의적으로 해석하려는 시도가 아니다. 오컴은 그와 반대로 세계를 인식할 때 선험적 연역을 배제하고 경험적 현실에만 주의를 집중한다는 경험주의의 길을 개척했다. 또한 윤리의 기초 역시 인간의 본질과 욕구 속에 있는 것이 아니라, 신의 의지가 무엇인지 미루어 짐작해 신의 의지가 이루어지도록 요구하는 과정에서만 존재한다고 믿었다. 신의 의지에 따를지 따르지 않을지에 대해서도 인간은 절대적으로 자유로운 존재로 신 앞에 서 있는 것이다.

종교개혁의 대표자, 루터

이런 시간을 거쳐 드디어 16세기 종교개혁 시대에 이르렀다. 파란만장한 종교개혁 시대를 대표하는 인물이 있다면 마르틴 루터(1483~1546)일 것이다. 루터는 농부이자 광부였던 아버지 밑에서 태어나 아우구스티누스학파Augustinian School의 수도사가 되었다. 그가 수도사가 된 배경에는 친구의 죽음과, 자신의 죽음에 대한 깊은 고뇌가 자리하고 있었던 것으로 보인다. 루터는 모범적인 수도사로 기도와 단식, 노동 등에 성실하게 임했다고 한다.

그러나 착실하게 수도 생활을 하는 루터의 마음은 결코 편하지 않았다. 그 이유 중 하나가 바로 '예정설'이다. 당시 유럽에서는 오컴의 사상이 교회의 명령으로 금지되었음에도 막대한 영향력을 행사했고, 오컴의 사상적 귀결 중 하나가 예정설이었다. 예정설은 신의 전지전능함에서 비롯되는 필연적 귀결로, 구원받을 사람은 이미 결정되어 있다는 사상이다.

게다가 루터는 남다른 죄의식으로 번민했다. 루터는 신에 대한 자신의 사랑이 불순한 사랑이라는 죄책감으로 괴로워했다. 순수한 사랑이란 상대방을 내 몸처럼 사랑하는 것이며, 불순한 사랑이란 나를 위해 상대방을 사랑하는 것인데, 자신은 스스로의 영혼의 안식을 위해 신을 사랑하는 것이 아닌가 하는 생각에 고뇌했던 것이다. 루터의 죄의식은 인간은 아무리 발버둥 쳐도 스스로의 행위로 정의로워질 수 없다는 데까지 이르렀다. 아무리 애를 써도 자기애에서 탈피하지 못하는 인간에게 구원의 가능성이 있다고 가정한다면, 그와 같은 죄인을 무조건 용서하는 사랑이 가능해야 한다. 그는 그러한 무조건적 사랑을 그리스도의 복음에서 발견했다.

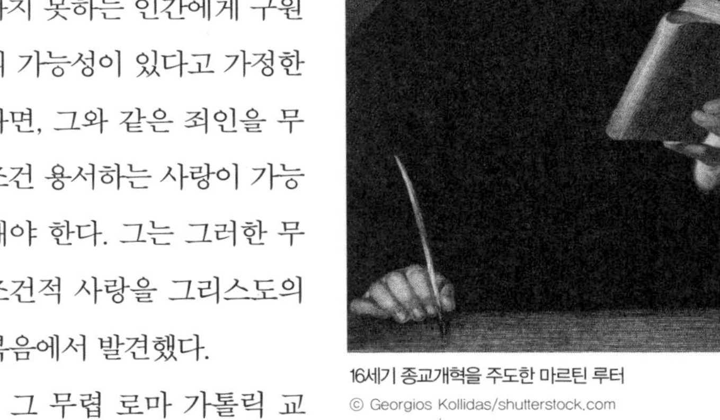

16세기 종교개혁을 주도한 마르틴 루터
© Georgios Kollidas/shutterstock.com

그 무렵 로마 가톨릭 교회는 여러모로 부패했고, 마침 산 피에트로 대성당San Pietro Basilica(성 베드로 대성당)을 건설할 자금을 조달하기 위해 면죄부를 헐값에 판매하고 있었다. 이에 반발한 루터가 비텐베르크Wittenberg 교회의 문에 95개조 반박문을 붙인 사건이 종교개혁의 불씨가 되었다.

루터는 반박문을 통해 죄를 용서하는 것은 신이며, 면죄부를 구입한다고 해서 사면받을 수는 없다고 주장했다. 이후 몇 차례에 걸친 심문과 논쟁 끝에 루터는 파문되지만, 루터가 박해를 받으면서도 목숨을 걸고 자신의 신앙을 고수할 수 있었던 것은 독일 국민 대부분이 그를 지지했기 때문이다.

루터의 신앙은 크게 두 가지로 요약할 수 있다.

첫째, 사람의 정당성은 오직 신앙의 잣대로만 가늠할 수 있다. 즉, 신앙심은 도덕적 선행과 성찬 예식으로 판가름할 수 없다. 쉽게 말해, 매주 미사나 예배에 빠지지 않고 참석하고 영성체를 모시는 사람이 반드시 신앙심이 깊은 사람이라고는 할 수 없다. 이러한 사상은 주로 바울에게서 실마리를 얻었다. 종교는 본질적으로 신과의 내면적 관계로, 외형적인 교회 제도나 의식이 내면적 관계에 걸림돌로 작용해서는 안 된다. 만민은 신앙 앞에 평등하며, 하나님을 믿기 위해 사제와 같은 특수 계급은 필요하지 않다. 모든 사람은 신과 직접 소통할 수 있다. 이것이 루터의 '만인사제설'이다(루터, 《독일 기독교 귀족에게 고함An Den Christlichen Adel Deutscher Nation》).

둘째, 신의 말씀이 기록된 성서만을 신앙의 근원으로 삼는 성서주의다. 교회의 전승도 수도원도 모두 필요하지 않다. 기독교를 믿는 사람의 삶의 방식은 스스로의 의지대로 사는 것이 아니라, 그리스도와 이웃을 위해 사는 것이 되어야 한다. 그리스도 안에서 산다는 말은 그리스도를 믿고 따른다는 뜻이다. 이웃을 위해 산다는 말은 이웃을 사랑하라는 뜻이다. 그것이 하나님을 믿는 사람으로서의 올바른 삶의 전부다(루터, 《그리스도인의 자유Von der Freiheit eines Christenmenschen》).

2장 | 이성주의, 이성의 힘으로 진리를 밝히다

데카르트, 흔들리지 않는 진리를 확립하다

르네 데카르트(1596~1650)는 철학계에서 근세 철학의 아버지로 추앙받는다. 그 이유는 무엇일까?

데카르트는 북프랑스의 라 플레슈La Flèche에 있는 예수회에서 운영하는 학교에서 수학했다. 이 학교는 당시 유럽에서는 가장 우수한 수준에 속하는 진보적인 학교였다. 그곳에서 그는 그리스·라틴 고전문학과 철학, 기본적인 인문학, 수학 등을 배웠지만, 그의 마음을 사로잡은 학문은 오로지 수학뿐이었다.

고전문학은 유용한 도구지만, 도구는 어디까지나 도구에 불과하다. 인문학은 먼저 산 사람들의 지혜의 결정체로 나름대로 의미 있는 학문이지만, 과거의 일에 지나치게 집중한 나머지, 현실 세계를 외면하고 오로지 책만 파고들 뿐이다. 인문학자들은 결국 현재 벌어지는 일에는 무지하고, 기사의 무용담에나 나오는 시대착오적 인물이 되고 만다.

철학은 논쟁의 대상이 불분명하기 때문에 학문 전체가 회의적일 수밖에 없다. 철학 중에서는 그나마 윤리학이 그의 관심을 끌었던 모양이지만, 윤리학조차 미지의 진리를 탐구하는 데는 유용하지 않고, 기존 지식을 정리하는 사람을 위한 도구에 불과하다는 생각에 결국 윤리학에 대한 관심도 시들해졌다고 한다. 그는 오직 수학만이 명확한 토대에서 확실한 추론으로 구축된 견고한 지식이라고 믿었다.

학교 교육을 마친 데카르트는 고전 연구에는 이미 충분한 시간을 할애했다고 판단하고, 일체의 서적 연구에서 손을 뗐다. 그리고 세상으로 나와 여러 나라를 여행하고 기질이 다른 사람들을 만나며 다양한 경험을 쌓아 운명에 따라 스스로에게 시련을 부과하고, 그 과정에서 진리를 발견하고자 애썼다.

인간은 자신과 중대한 관련이 있는 대상에 관해 추론할 때는 판단을 그르치기 십상이며, 판단을 그르친 벌은 순식간에 내려진다. 서재에 틀어박혀 글로 학문을 하는 학자는 공허한 사변밖에 할 수 없으므로 세상으로 나가 세상을 경험하면 훨씬 많은 진리를 발견할 수 있다는 논리에서 시작한 세상 공부였다. 그는 독일, 네덜란드, 이탈리아 등지를 방랑하며 책이 아닌 세상이라는 교과서 안에서 독자적으로 진리를 발견하고자 노력했다.

프란스 할스Frans Hals의 '르네 데카르트' © wikipedia

데카르트는 진리는 독자적으로, 즉 이성raison의 힘으로 발견해야 한다고 믿었다. 우리가 이성이나 양식bon sens이라 부르는 능력이야말로 올바른 판단을 내리고 참과 거짓을 구별하는 능력이라고 믿었기 때문이다. 이 능력은 모든 이에게 평등하게 주어진 것이며, 인간과 동물을 구별하는 유일한 특징이다. 그러므로 불필요한 선입관을 버리고 이 선천적인 능력을 올바르게 사용하기만 한다면, 모든 사람이 보다 나은 진리, 즉 누구나 도달할 수 있을 뿐 아니라 지극히 아름다우며 완성도가 높은 진리에 도달할 수 있다. 마치 한 명의 건축가가 치밀한 설계도에 따라 규정을 준수하며 건설한 도시는 겉보기에도 아름답고 높은 완성도를 자랑하지만, 우연히 생겨난 도시는 건물이

뒤죽박죽 무질서하게 세워지고, 도로도 구불구불 미로처럼 얽혀 있는 것과 같다.

데카르트는 '이성'을 올바르게 사용하는 데 집중하며 맨땅에 철학이라는 건축물을 세우려 했다. 《달과 6펜스The Moon and Sixpence》 등으로 유명한 영국의 작가 윌리엄 서머셋 모음William Somerset Maugham(1874~1965)은 데카르트의 글을 읽노라면 투명한 물속을 헤엄치는 느낌이 든다는 말을 남겼다(서머셋 모음, 《서밍업The Summing Up》). 나는 그의 말만큼 데카르트를 잘 표현한 말도 없다고 생각한다(서머셋 모음은 대중성을 포기하지 않고도 인간의 존재라는 철학적이고 난해한 문제를 작품 속으로 끌어들이는 데 성공한 작가다. 그는 술술 읽히는 쉬운 문체로 인간이란 복잡하고 이해하기 힘든 존재임을 드러내 보였는데, 그의 이러한 작품관은 그의 인생 경험에서 비롯된 것이다. 데카르트가 세상을 떠돌며 자신만의 철학적 금자탑을 세웠듯, 서머셋 모음 역시 경험을 통해 자신만의 인생관을 확립하고, 그것을 문학 작품 속에 아름답게 투영했다_옮긴이).

그렇다면 데카르트는 어떤 방법으로 진리를 탐구했을까?

그는 조금이라도 의심이 드는 것은 모두 오류로 규정하여 폐기하고, 한 치의 의심도 들지 않는 무언가가 자신의 신념 속에 남을지를 판단하는 방법으로 진리를 탐구했다(데카르트, 《방법서설Discours de la Méthode》 4부). 제일 먼저 그는 감각은 때때로 우리를 기만하므로 감각이 나타내는 것은 아무것도 존재하지 않는다고 가정했다. 이는 외적인 감각에 대해서도 내적인 감각에 대해서도 동일하게 적용되는 논리다. 외적인 감각이 우리를 기만한 예는 헤아릴 수 없을 정도로 많다. 예를 들어, 태양은 작고 노란 원으로 보이지만, 사실은 거대한 가스 덩어리다. 멀리서는 둥글게 보였던 탑이 가까이 다가가서 보면 모서리가 반듯하게 각진 탑인 경우도 있다. 또 우리는 꿈속에서는 실제로 존재하지 않는 것도 존재한다고 믿기도 한다. 그렇다면 현재 우리가 보고 있는 것이 모두 꿈이 아니라는 보장도 없다. 우리는 자신의 몸이 존재한다거나 하늘이 있다고 믿지만, 항상 꿈속에서 자신의 몸과 하늘을 보고 있는 것은 아닐까? 이처럼 감각적 현실과 꿈 사이에는 본질적인 구별이 없다.

수학적 진리는 어떨까? '2 더하기 3은 5'라는 명제는 절대적인 참일까? 데카르트는 당연해 보이는 수학적 진리도 다소 황당한 가정을 세워 부정했다. 그는 신은 전지전능하기 때문에 아무런 형태도 크기도 없는 하늘과 땅에 형태와 크기가 있다고 믿게 만들었다고 가정했다. 그렇다면 신이 우리가 '2 더하기 3은 5'라고 믿게 하는 것도 전혀 불가능한 일은 아니다(데카르트, 《성찰Meditation》).

이것이 유명한 '악의적 영Mauvais Génie'의 가정으로, 다른 말로 '과장적 회의'라고도 한다. 이 회의에는 '이데아적 본질의 비존재'라는 오컴의 사상이 어렴풋이 엿보인다. 다시 말해, 이성적 진리 또한 신의 자유로운 의지에 의존한다는 사상이다. 데카르트는 모든 것을 회의의 소용돌이에 밀어 넣어 종국에는 땅에 발을 붙일 수도, 표면으로 떠오를 수도 없는 지경에 이르고 말았다. 데카르트는 모든 것을 회의했고, 결국 확실한 것은 아무것도 없었다.

내가 보는 것도 생각하는 것도 모두 거짓이다. 물체, 형상, 운동, 장소는 모두 환상이다. 그렇다면 정녕 진리는 존재하지 않는 것일까? 아마 오직 한 가지, 즉 진리가 없다는 사실만 남을 것이다.

그런데 여기서 역전이 일어난다. '어느 것도 참이 아니라고 생각하는' 내가 존재하지 않으면 '어느 것도 참이 아니다'라는 사태는 성립할 수 없다. 누구인지는 알 길이 없지만 매우 유능하고 교활한 사기꾼이 있고, 그가 항상 나를 속인다면, 의심할 여지 없이 나는 존재한다. 기만당하기 위해서는, 오류를 범하기 위해서는 나는 무無일 수 없다. 그러므로 '나는 있다. 그러므로 나는 존재한다'라는 명제는 내가 이를 정신으로 파악할 수 있을 때 필연적으로 참이 될 수밖에 없다(데카르트, 《성찰》).

데카르트는 절대 흔들리지 않는 확고부동한 진리를 확립했다. 바로 정신으로서의 자아의 존재다. 왜 '정신으로서'의 자아일까? 하늘과 땅이 존재하지 않는다고 상상할 수 있듯, 우리 몸이 존재하지 않는다는 상상도 가능하기 때문이다. '생각하는 것'과 '존재'는 필연적으로 연결되어 있으므로 정신이 아닌 나는 성립 자체가 불가능하다. 이러한 논리적 과정을 거쳐 데카르트는 정신과 신체의 실재적 구별이라는 결론을 도출했고, 이 이원론이 현대에 이르기까지 유럽 사상을 괴롭혀온 문제의 근원이 되었다. 비록 데카르트의 주장이 유럽 사상계에 풀리지 않는 골칫거리를 제공했지만, '나는 정신이다'라는 주장이 근대 이성주의의 출발점에 걸맞은 강렬한 선언이라는 사실에는 누구도 이견을 제시하지 않을 것이다.

데카르트의 '신의 존재 증명'

데카르트는 진심으로 신을 믿었을까? 그렇지 않다면, 블레즈 파스칼Blaise Pascal(1623~1662)의 비난처럼 그저 체계를 구축하기 위해 신의 존재를 필요로 했을까? 이러한 의문은 데카르트를 연구하는 학자들 사이에서도 한바탕 떠들썩한 논쟁을 불러일으켰다. 하지만 나는 데카르트가 나름대로 깊은 신앙심의 소유자였다고 믿는다. 아무런 선입관 없이 데카르트를 읽다 보면 그가 경건한 인물이었으며, 신의 존재 증명에 상당한 에너지를 소비했음을 알 수 있기 때문이다. 신의 존재 증명이란 다음과 같은 것이다.

나는 의심하거나 슬퍼하거나 괴로워하는 존재이므로 지극히 불완전한 존재자다. 그런데 나는 완전한 존재자라는 관념을 갖고 있다. 그렇다면 이 관념은 어디에서 왔을까? 불완전한 존재가 완전한 존재를 만들어낼 수는 없는 노릇이다. 그러므로 내가 이 관념을 만들어낼 수는 없다. 그렇다면 이 관념은 틀림없이 외부에서 온 것이다. 그런데 하늘도, 땅도, 산도, 강도 모두 나보다 훨씬 불완전한 존재자다. 그렇다면 이 완전한 존재자라는 관념은 완전한 존재자인 신에게서 나의 내면으로 직접 들어온 것이 아닐까? 그러므로 신은 존재한다. 다시 말해, '완전한 존재자'라는 관념은 그 말 속에 '존재자'의 관념을 포함하고 있다. 마치 '직각삼각형'이라는 관념이 필연적으로 '한 내각의 크기가 직각인 삼각형을 직각삼각형이라고 한다'라는 관념을 포함하는 것과 같다. 반대로 '존재하지 않는 완전한 존재자'라는 관념은 자기모순인 셈이다. 이것이 데카르트의 '신의 존재 증명'이다.

사실 데카르트의 '신의 존재 증명'은 11세기에 영국 캔터베리Canterbury에서 대주교를 지내 '캔터베리의 안셀무스'라는 별명을 얻은 스콜라철학Scholasticism의 아버지 안셀무스Anselmus(1033~1109)가 신을 '무엇보다도 가장 큰 존재인 신'이라고 규정하고 수행했던 증명과 본질적으로 동일하다. 훗날 칸트가 '관념의 100탈러Taler와 실재의 100탈러(칸트는 '100탈러라는 돈의 개념'을 갖고 있다고 해서 내 주머니에 실제로 100탈러가 들어 있는 것은 아니며, 통장 잔고에 0이라는 숫자를 하나 더 써 넣는다고 해서 실제로 재산이 불어나는 것도 아니라는 비유를 들었다_옮긴이)'라는 예로 조소적으로 부정했던 것으로, 얼핏 무의미한 증명으로도 보인다. 그러나 현대에 들어 레비나스가 인간이 아무리 애를 써도 자력으로 처리할 수 없는 '신이라는 관념'을 고수한다는 사실이 지닌 철학적 의미를 규정하며, 데카르트의 '신의 존재 증명'도 다시금 주목받게 되었다.

유일하고 확실한 사실을 진리로 내세운 '정신으로서의 자아의 존재'와 거기에서 이끌어낸 '신의 존재'가 데카르트의 새로운 철학 체계를 지탱하는 두 개의 주춧돌이다. 그렇다면 우리는 이 둘 중 무엇을 진리를 가늠하는 기준으로 보아야 할까? 정신도 신도 모두 감각으로 파악할 수 없다. 그러므로 '감각 속에 없는 것은 지성 속에도 없다'라는 아리스토텔레스와 토마스 아퀴나스의 인식론은 오류다. 오히려 감각이 아닌 순수한 이성에 의해 정신의 존재도 신의 존재도 분명하게 깨달을 수 있다. 감각에 의지해서는 이 둘 모두를 이해할 수 없다는 것이 데카르트의 주장에 가까울 것이다.

따라서 이성에 의한 명약관화한 인식만이 참된 인식이다. 또한 우리가 명확하게 인식하는 사물의 실재성을 보증하는 것은 신의 완전성 속에 포함된 신의 성실성이다. 우리가 이성으로 명확하게 인식하는 사물이 환영이 아니라 실재하는 것이라는 사실을 보증해주는 증거는 오직 신의 성실성밖에 없다. 데카르트는 이런 논리로 신의 성실이 본질적으로 필요한 전제라고 설명했다. 우리는 정신에 기초해 그 정신이 가지는 여러 관념이 확고부동하다고 믿는 한, 신의 성실성에 의지해 그 관념들이 실재를 지시한다고 간주하고, 세계를 인식해간다.

칸트, 형이상학을 다시 세우다

임마누엘 칸트(1724~1804)의 유명한 묘비명은 두 가지 사실을 명기하고 있다. 우리 머리 위에서 빛나는 별과 우리 마음속에 있는 도덕률에 대한 찬미가 그것이다.

> 생각하면 할수록, 날이 가면 갈수록 내 가슴을 놀라움과 존경심으로 가득 채워주는 두 가지가 있다. 그것은 밤하늘에 반짝이는 별과 내 마음속 도덕률이다.

칸트는 젊은 시절부터 자연과 인간은 신이 부여한 질서 속에서만 존재한다고 생각했다. 이러한 칸트의 근본 자세는 죽을 때까지 변하지 않았다. 칸트는 평생 형이상학의 내용을 중시했다. 그러나 그는 형이상학의 이론에 대해서는 거세게 비판했다. 간단히 말해, 칸트는 단순한 이성주의자가 아니다. 칸트는 이성주의와 경험주의라는 두 가지 철학적 전통을 종합해 근대 유럽 철학의 원형을 성립한 인물이다. 그의 업적은 한마디로 이론이성에 의한 형이상학의 부정과 실천이성에 의한 형이상학의 재건으로 정리할 수 있다. 칸트 자신의 말을 빌리면, "신앙이 기거할 장소를 마련하기 위해서는 지식을 버려야만 했다"(칸트, 《순수이성비판》 서문)라는 말로도 표현할 수 있을 것이다.

순수이성비판이란 감각적 경험에서 벗어나(순수하게 이성 그 자체로 돌아가) 형이상학으로 향하는 이성 능력을 음미한다는 의미다. 칸트는 기본적으로 감각적 경험을 벗어나면 이론적 지식이 성립하지 않는다는 입장을 견지했다. 그런 까닭에 형이상학은 칸트에게 이론적 지식으로서는 성립할 수 없는 학문적 체계였다.

그렇다면 칸트가 말하는 이론적 지식의 조건은 무엇일까? 그는 현상세계에서 일어나는 사건에 관한 지식이어야 한다고 생각했다. 현상세계는 감각적 경험을 출발점으로 삼아 성립한다. 그리고 우리가 감각으로 느끼는 것은 반드시 시간과 공간 속에서 이루어진다. 그러므로 이론적 지식은 시간과 공간 속에 존재하는 것으로 국한된다.

그런데 칸트의 생각에 따르면, 시공간은 사물의 성질이 될 수 없다. 만약 시공간이 사물의 성질이라면, 빨간 사과도 노란 사과도 존재하듯 시공간 속에 있는 사물도 시공간 속에 없는 사물도 존재하기 때문이다. 그러므로 시간과 공간은 사물의 성질이 아니며, 사물이 성립하기 위해 필요한 선천적 조건으로 보아야 한다. 칸트는 이러한 조건은 인식주관認識主觀(인식의 객관 대상에 대하여 인식하는 일을 맡아보는 주체. 이성, 오성, 의식 등이 이에 속한다_옮긴이)의 직감의 형식으로밖에 성립하지 않는다고 믿었다. 쉽게 말해, 대상을 인식하는 우리 인간이 시간과 공간이라는 형식을 통해 사물에서 전송되는 소여를 받아들인다는 말이다.

그러나 그것만으로는 아직 인식이 성립할 수 없다. 감각적 직감에 한 차례 더 지성에 의한 가공이 가해져야 한다. 지성의 가공은 카테고리라 부르는 존재자의 존재 구조로 규정된다. 카테고리는 존재론을 창조했던 아리스토텔레스가 최초로 논리적 형식을 갖추고 사상으로 정리했는데, 칸트는 아리스토텔레스의 범주론을 수용해 새로운 결론을 도출했다. 실체나 양이나 인과성은 존재자의 존재가 존재하는 방식이다. 지성은 논리적이고 존재론적인 여러 형식을 현상계에 부여함으로써 세계에 대한 우리의 인식을 성립시킨다. 이 부분에서 칸트의 독창적인 시각이 드러난다. 칸트는 그때까지 존재자 그 자체의 구조라고 여겼던 카테고리를 인식주관의 구조로 반전시켜 인식주관이 존재자에게 질서를 부여한다고 생각했다. 칸트는 데이비드 흄David Hume(1711~1776)의 인과율 비판의 영향을 받아 존재자에게 보편적으로 해당하는 질서는 경험에서는 비롯되지 않는다고 믿었다. 이것이 코페르니쿠스의 지동설에 비견되는 칸트의 유명한 사고 전환으로, 철학계에서는 이를 '사유 혁명'이라 부른다.

우리는 이러한 카테고리를 감각적 경험을 벗어나, 즉 현상계를 초월해 적용하려 한다. 우리는 신이나 영혼, 자유 등 감각적 경험으로 규정할 수 없는 형이상학적 실재를 생각하기 위해 카테고리를 무조건적으로 사용한다. 이때 칸트가 말하는 순수이성의 오류 추리와 이율배반이 일어난다. 칸트는 이와 같은 논리적 사고 과정을 거쳐 결국 형이상학적 실재에 대한 이론적 인식을 포기했던 것이다.

인간은 기계론적으로 결정된 존재자인가, 아니면 자유로운 존재자인가? 이는 이론적으로는 결론 내릴 수 없는 문제다. 그러나 실천적으로는 애초에 문제 자체가 될 수 없다. 왜냐하면 자유롭지 않다면 실천이라는 것 자체가 성립하지 않기 때문이다. 인간은 '어떻게 살 것인가?'라는 문제에 직면한 존재자다. 만약 실천의 목적이 행복의 획득이고, 행복이 욕망의 충족이라면, 행복은 이성이 아닌 본능에 의해 훨씬 확실하게 획득할 수 있을 것이다.

그렇다면 본능에 충실한 동물은 인간보다 더 행복할까? 자연은 왜 행복 획득에 방해가 되는 이성을 인간에게 준 것일까? 칸트는 인생의 목적이 행복이 아닌 보다 고차원적인 선에 있기 때문이라고 믿었다. 칸트가 '정언명법Kategorischer Imperativ'이라 이름 붙인 도덕적 절대명령이 인간에게 주어졌기 때문에 인간은 이성을 가진 존재자로 태어났다. 칸트는 이 도덕적 절대명령을 '우리 안의 신Deus in Nobis'이라 말하는데, 이는 이 소여가 궁극적 진리라는 의미와 다름없다.

그렇다면 칸트가 말하는 명법이란 무엇일까? 바로 '네 행위의 규칙이 보편적인 법칙이 될 수 있도록 행위하라'라는 명령이다(칸트, 《실천이성비판》 1부 1편 1장 7절). 좀 더 쉽게 풀어서 설명하자면, 자신의 행위의 주관적 방침이 항상 모든 사람에게 해당하는 도덕 법칙이 될 수 있게 행동하라는 말이다. 도덕의 원리는 이게 전부다. 선이란 이 원리에 따라 이성이 의지를 규정하는 것이다. 칸트는 이 원리를 신이라 말한다.

선한 의지와 근본악

선한 의지란 이성 그 자체가 의지를 규정하는 주체자가 되는 것이다. 따라서 우리는 선한 의지의 존재를 경험적으로 확인할 도리가 없다. 타인의 행위를 보고 그 근거에 선한 의지가 있는지 없는지 알 수 없을 뿐 아니라, 자신의 행위에 대해서도 그 행위가 자신이 선한 의지로 한 행위인지 아닌지를 판단할 길이 없다. 다시 말해, 도덕은 내적으로든 외적으로든 감정에서는 그 근거를 찾을 수 없다. 다만 도덕 법칙에 대한 존경의 뜻에서 행동하고, 그것이 우리의 자애심을 파괴하는지 파괴하지 않는지가 선한 의지의 존재를 가늠하는 척도인 셈이다.

이 부분에서 칸트가 말하는 근본악의 의미도 밝혀진다. 근본악이란 하나님의 명령을 거역하고 선악과를 따 먹은 아담이 저지른 원죄가 인류에게 그대로 전해져 우리가 본질적으로 악한 경향을 띤다는 기독교적 성악설과는 다르다. 칸트는 그러한 신화를 미신으로 치부했다. 칸트의 사상에서 악이란 의사를 결정할 때 이성을 앞세우지 않고 충동에 몸을 내맡겨 질서를 역전시키는 것으로, 우리는 내심 이런 경향을 인식하고 있다. 다만 이런 경향은 우리의 내면에 선천적으로 존재하는 것이 아니라, 우리가 저지른 개개의 악행이 반복되며 형성된 습관이며, 우리 스스로 그에 대한 책임을 져야 한다. 칸트는 이처럼 자기애의 충동을 이기지 못하고, 이성의 명령에 절대 복종하지 않는 인간의 습성을 사실상 우리의 두 번째 천성이 되어 인류를 움직이는 근본적인 악이라는 뜻에서 '근본악'이라고 이름 붙였다.

종교의 본질은 도덕이며, 도덕 이외의 요소(예를 들어, 제의 등의 종교 의식)는 종교에서 중요하지 않다(칸트, 《이성의 한계 안에서의 종교Die Religion innerhalb der Grenzen der bloßen Vernunft》). 신이 어여삐 여기는 인간이 되기 위해서는 선한 행위 이외에는 아무것도 필요하지 않다. 우리 안에는 확실히 근본악이 존재하지만, 우리 내면의 도덕 법칙은 우리가 근본적으로 부패하지는 않았음을 증명하는 근거가 되어준다. 우리는 도덕적 완전성을 실현했던 인간이라는 의미에서 '신의 자녀'가 될 수 있다.

3장 | 경험주의, 인식의 바탕은 경험에 있다

흄, 인과율을 고찰하다

앞에서 오컴의 비본질주의를 논하며 살펴보았듯, 영국 철학에는 대륙과는 다른 경험주의 경향이 도도하게 흐르고 있다. 이러한 경향은 이후 프랜시스 베이컨Francis Bacon(1561~1626), 토마스 홉스Thomas Hobbes(1588~1679), 존 로크John Locke(1632~1704)로 계승되어 데이비드 흄(1711~1776)에 이르러 정점에 달한다. 이 책에서는 흄을 경험주의 사조의 대표자로 보아 그의 '인과율에 대한 비판적 고찰'을 살펴봄으로써 영국 경험론의 특색을 개관하고자 한다.

우리에게 가장 중요한 인식과 우리 인식의 대부분은 사실에 대한 경험적 인식이다(참고로 인식의 또 하나의 카테고리는 이성적 인식 또는 선천적 인식이며, 이는 절대 확실하면서도 구체적 내용이 전무한 인식이다. 예를 들어, '직각삼각형은 삼각형이다'라는 인식이 있다. 이 인식이 절대 확실한 것은 '직각삼각형'이라는 개념 안에 이미 '삼각형'이라는 개념이 포함되어 있기 때문이다. 모든 논리적 인식이 이러한 성격을 띠고 있다). 우리의 인식은 감각으로 느낀 직접적 인식과 추리에 의한 간접적 인식으로 나뉜다. 만약 우리의 인식이 눈앞의 사물에 대한, 감각적으로 느낀 직접적 인식에 국한된다면, 우리는 지극히 편협한 순간적 삶을 살 수밖에 없을 것이다. 그러나 인식이 눈앞의 사물을 넘어 과거, 현재, 미래에 걸쳐, 또한 삼라만상에 이른다면 어떨까? 시공간을 초월하는 인식은 원인과 결과의 인과관계에 대한 추리이며, 따라서 이 인과관계가 어떻게 가능한지를 이해하는 것은 매우 중요한 문제가 된다.

원인과 결과의 인과관계에 대한 인식은 논리적 인식의 경우처럼 선천적으로는 성립하지 않는다. 처음 세계를 본 아담은 물이 사람을 질식시킬 힘을 갖고 있고, 자석이 철을 끌어당기는 힘을 지니고 있다는 사실을 알 턱이 없다. 아담은 이러한 사실을 몇 번씩 경험한 후에 비로소 인과관계를 깨닫게 된다. 그것은 하나의 감각적 인상과 다른 감각적 인상 사이에는 논리적 인식만으로 확인할 수 있는 필연적 관계가 없기 때문이라고 흄은 생각했다(흄, 《인성론A Treatise of Human Nature》 3부 14절).

흄은 만약 'A라면 B'가 필연적 관계라면 'A라면 B가 아니다'는 유추가 불가능하다고 주장한다. 예를 들어, '직각삼각형은 삼각형이다'는 필연적 관계이므로 '직각삼각형은 원이다'는 유추가 불가능하다. 그런데 '내일 아침 동쪽에서 해가 뜬다'와 '내일 아침 서쪽에서 해가 뜬다'는 둘 모두 사유가 가능하다. 우리는 지금까지 몇억 년 동안 매일 아침 동쪽에서 해가 떴으니 내일도 동쪽에서 뜰 것이라고 상상할 뿐이다. 오늘 밤 지구의 자전이 역전되지 않으리라는 법은 없다. 애초에 자연법칙이 경험을 토대로 세워졌기 때문이다. 이처럼 인과관계란 모두 어떤 사건이 언제나 다른 사건에 뒤이어 나타난다는 과거의 경험에 바탕을 두고 세워진 추측이다(흄, 《인성론》 3부 6절). 그렇다면 경험이 없다면 우리는 어떻게 추측할 수 있을까?

과거의 경험을 바탕으로 인과관계를 정립하는 인간의 사고방식에는 무언가 이론적인 근거가 있을까? 사실 이론적 근거는 아무것도 없다. 원인과 결과의 관계에 필연성이 결여되어 있을 뿐 아니라, '자연의 균일성Uniformity of Nature'이라는 전제에도 근거를 두고 있기 때문이다. 즉, 지금까지 'A라면 B'였으므로 앞으로도 'A라면 B'라는 전제가 성립하는 것이다. 그런데 이 전제는 '과거, 현재, 미래에 걸쳐 불변하는 인과관계에 해당한다'라는 전제에 바탕을 두고 성립한다. 다시 말해, 여기에는 '인과관계는 자연의 균일성을 전제로 하고, 자연의 균일성은 인과관계를 전제로 한다'라는 악순환이 발생한다(흄, 《인간 오성에 관한 철학논집An Enquiry Concerning Human Understanding》

4절). 지금까지 몇억 번이나 'A라면 B'였다고 해서 앞으로도 반드시 'A라면 B'여야 할 논리적 이유는 없다. 우리는 습관적으로 경험한 A라는 인상과 B라는 인상과의 '연속적 계기繼起' 또는 '항상적 연접連接'을 인과관계의 법칙으로 만드는 논리적 오류를 범하고 있다.

인격의 동일성 비판, 여전히 남은 자아의 문제

외부 세계의 사물에 대해서도 우리는 그와 비슷한 오류를 범한다. 우리가 지금 푸른 산을 보고 있다고 가정해보자. 우리 눈앞에 보이는 산은 어제 본 산과 같은 것일까? 우리는 어제 그 산을 본 이후 수면 시간을 포함해 열 시간 이상 그것을 바라보지 않았다. 그동안 푸른 산이 동일한 산으로 존재했음을 무엇이 보증해준단 말인가? 이러한 논리적 과정을 거쳐 우리는 사물의 존재와 자기동일성 역시 앞의 인상과 나중의 인상 사이의 유사성과 그 경험의 항상성에 의해 우리가 상상한 것뿐임을 깨달을 수 있을 것이다(흄, 《인성론》 4부 2절).

인간의 이러한 논리적 오류는 '나'라는 존재에 대해서도 동일하게 적용된다. 과연 '나'라는 존재는 존재할까? 우리는 '나'를 찾기 위해 자신의 내면을 깊숙이 들여다본다. 우리는 자신의 내면에서 인생의 명암, 애증, 고락 등의 인상을 발견한다. 그 배후에 무엇이 있는지 아무리 뚫어지게 바라보아도 여전히 애증과 고락과 갖가지 기억 이외의 것은 아무것도 보이지 않는다. 아무것도 발견할 수 없다. 흄은 이런 방식으로 실체의 관념을 소거하고, '나'라는 존재는 인상의 결집체라는 결론에 도달했다. 인격의 동일성을 뒷받침하는 근거는 인간의 기억 속에 있는 인상의 연속성 외에는 아무것도 없다(흄, 《인성론》 4부 6절).

흄의 날카로운 분석은 사람들을 놀라게 하는 데는 성공했지만, 그의 논거가 과연 정당한지를 증명하는 것은 별개의 문제였다. 흄의 인과율 비판은 칸트를 독단의 잠에서 깨웠고, 결국 '카테고리란 지성이 부여한 존재자의 선천적 존재 양식이다'라는 사상을 이끌어냈다. 동시에 인격의 동일성 비판은 자아를 어디까지나 객체로 간주하는 사상적 약점을 고스란히 드러냈다.

결국 자아의 문제는 머지않아 등장하는 실존철학이 해결해야 할 문제로 남았다. 우리는 실존철학의 힘을 빌려서 자아의 진짜 모습을 들여다볼 수밖에 없게 되었다.

4장 | 사회철학, 세상을 움직이다

왕권의 제어와 민주주의의 태동

민주주의는 현재 인류가 가장 바람직하다고 믿는 정치 형태다. 이 정치 형태를 창조한 이들은 고대 그리스인, 그중에서도 아테네인이며, 민주주의의 논리적 기초를 확립한 이는 아리스토텔레스다. 그러나 민주주의는 이후 역사의 흐름 속에서 현실의 정치 형태나 정치 이론으로 거의 빛을 보지 못했다.

중세 말기부터 근세에 걸쳐 영국 역사에서 왕권의 폭정에 대항하는 귀족과 사제, 민중의 저항으로 민주주의 이념이 부활했으며, 이 이념을 철학적으로 체계화한 이가 17세기에 등장한 존 로크

17세기의 대표적인 사회철학가, 존 로크

(1632~1704)다. 로크의 사상은 다음 세대 국가들의 근대화 과정에서 이론적 무기로 사용되었는데, 특히 미국 독립선언의 밑바탕이 되었다. 또 미국 독립선언을 계승한 프랑스혁명의 인권선언 역시 로크의 사상을 사상적 근거로 삼았다. 민주주의 사상이 전 세계에 퍼져 있는 오늘날, 로크의 사회사상은 세계를 움직이는 근본적인 기동력의 하나가 되었다.

중세부터 근세에 걸쳐 영국 국왕에게는 온 나라를 쥐락펴락하는 절대권력이 존재했다. 바로 입법권, 과세권, 공직임명권, 의회소집권, 군사권 등의 권력이다. 이들 권력을 국왕이 법에 입각해 행사하는 한, 국왕의 정치는 아무런 제재를 받지 않았다. 그러나 만약 국왕이 법을 무시하고 폭정을 일삼을 때 이를 제압할 수단이 없다면, 나라는 절망적인 상황에 처할 것이다.

마그나 카르타Magna Carta(대헌장) 시대에는 귀족과 고위 성직자로 구성된 평의회가 국왕의 자문을 맡는 형태로 제어 기능을 발휘했다. 이후 근대적인 의회로 발전해가는 과정에서 의회가 국왕의 권력을 차례로 빼앗으며 영국 민주주의가 성립했다. 그 과정에서 권리청원(1628년 영국 의회가 전제정치를 하던 국왕 찰스 1세Charles I에게 제출하여 기본권의 보장에 대해 승인을 얻은 청원서_옮긴이)이 있었고, 의회 구성원으로 일반 서민의 참여가 허용되며 청교도혁명이 일어나 국왕이 처형당했다. 말하자면, 바른 정치를 행하기 위해서는 국가의 주권자가 누구인지를 명확히 해야 하므로 법치를 뒷받침하는 민주적인 제도를 확립할 필요가 있었으며, 여기에 민주주의와 국가의 존망이 달려 있는 셈이다.

페르마의 왕권신수설

피에르 페르마Pierre de Fermat라는 인물은 로크의 비판 대상이 되면서 운 좋게 이름이 후대에까지 살아남은 사람이다. 페르마는 왕당파의 대지주로 왕권을 지키는 데 주력한 사람들에게 왕권신수설이라는 이론적 버팀목을 제공했다. 그의 사상은 성서에 바탕을 두고 전개되었다. 성서에서 신은 아담에게 아내인 이브와 자식, 그 외의 삼라만상을 절대적으로 지배하는 권한을 주었고, 그 권력은 아담의 직계 자손인 족장들을 거쳐 각국의 군주에게 대대로 계승되었다. 그러므로 인간은 태어날 때부터 자유롭지 않으며, 아담의 직계 자손인 국왕에게 마땅히 복종해야 한다는 게 페르마가 주장하는 왕권신수설의 요지다.

요즘 세상에 왕권신수설을 진지하게 받아들이는 사람은 없을 것이다. 그러나 17세기 영국에서는 페르마의 주장이 나름의 설득력을 발휘했다. 페르마의 주장에 대해 로크는 성서에 왕권신수설을 뒷받침하는 구절은 없다며 정면으로 반박했다. 그리고 한발 더 나아가 성서의 천지창조 이야기에 근거를 두고 자연법law of nature 사상을 전개했다.

인간의 자유와 소유권의 성립

로크는 인간의 자연 상태를 법과 질서가 모두 결여된 상태, 즉 사람들이 늑대처럼 서로 물고 뜯고 싸우는 경쟁 상태로 간주한 홉스의 사상에 정면으로 반기를 들고 나섰다. 그는 자연 상태란 사람들이 자연법의 테두리 안에서 자신의 행동을 다스리는 자유롭고 평등한 상태이자 평화로운 상태라고 주장했다.

자연 상태는 그것을 지배해야 하는 자연법을 가지며, 이 법은 만

> 인이 따라야 할 의무다. 즉, 자연법이란 이성이며, 이성에 귀를 기울이기만 하면 만인이 평등하고 독립된 개체임을 이해할 수 있다. 따라서 누구도 타인의 생명, 건강, 자유, 재산에 해가 되는 행동을 할 수 없다. 왜냐하면 인간은 모두 유일하고, 전능하며, 무한히 현명한 창조주의 작품이기 때문이다. 다시 말해, 모든 사람은 이 지고한 주인의 종복이며, 절대자의 생명에 의해 이 세상으로 보내져 신이 부여한 일에 종사한다. 그러므로 인간은 이 창조주의 소유물이며, 스스로의 의지가 아닌 신의 의지로 존속을 허용받는다.
>
> 로크, 《통치론Two Treatise of Government》 2장 '자연 상태'

인간은 모두 창조주의 유일한 피조물이므로 평등하게 자유를 누릴 권리가 있다. 인간은 모두 독립적이며, 평등한 존재다. 그러므로 누구도 타인의 권리를 침해해서는 안 된다. 신은 인간에게 생명을 유지하기 위한 자기보호 본능을 주었지만, 동시에 인간을 남자와 여자로 나누어 창조하고, 양자가 결합해 가정을 이루고 가족을 근간으로 삼아 더 큰 사회생활을 영위할 것을 명했다(로크, 《통치론》 7장 '시민사회').

이러한 로크의 사고방식은 아리스토텔레스의 사상과 판박이처럼 닮아 있다. 아리스토텔레스는 인간은 개인으로 존재하기 이전에 타고난 사회적 동물이며, 가족이라는 최소 단위에서 시작해 국가라는 완전한 공동체에 이르기까지 발전하는 정치적 사회 속에서 생활해야 하는 존재라고 주장했다. 로크 역시 같은 맥락의 주장을 펼쳤다. 인간은 자유롭게 숲에 들어가 나무 열매를 주워 모으고, 과일을 따고, 짐승을 사냥하고, 바다에서 물고기를 잡을 권리가 있으며, 토지와 그 토지에서 생산되는 모든 것은 인간이 생존하기 위해 이용할 수 있는 공유물로 신이 모든 인간에게 공평하게 준 것이라고 믿었다.

토지와 그 토지에서 생산되는 모든 것, 그리고 과일과 물고기, 동물 등은 신이 인간에게 공유물로 준 것이므로 누구나 어디서든 자유롭게 취해 가져도 무방하다. 그리고 그것들이 자연 상태에 있는 한, 타인을 배제하고 사적으로 지배하는 것은 태초부터 그 누구에게도 허용되지 않았다.

그러나 누군가가 숲에서 나무 열매를 그러모아 차곡차곡 저장했을 때, 나무 열매를 모아들이는 노동의 부가가 갈무리한 나무 열매를 그의 소유물로 만들었다. 또 누군가가 황무지를 개간해 씨앗을 뿌렸을 때, 개간이라는 노동의 부가가 황폐한 공유지를 그의 사유지로 탈바꿈시켰다. 즉, 공유물에 개인의 노동이 더해졌을 때, 소유권이 성립한다.

그렇다면 누구나 무언가를 원하는 만큼 독점해도 좋을까? 로크는 이를 부정했다. 자신이 일해 산출하고 수확한 결과물을 스스로 이용하는 경우는 허락된다. 즉, 잉여생산물이 발생해 고스란히 썩혀버리지 않는 한 소유는 허락된다. 그러나 사용 범위를 넘어서는 잉여생산물은 사적으로 소유하기 이전에는 타인의 것이었다. 로크는 신은 세계와 그 산물을 썩히거나 해하거나 파괴하기 위해 인간에게 준 것이 아니라고 주장했다(로크, 《통치론》 5장 '재산'). 신은 동생 아벨Abel을 죽인 벌로 카인Cain에게 노동의 의무를 부과했다. 그러므로 인간이 땅을 일구고, 개간하고, 점유하는 행위는 신이 우리에게 부여한 의무다. 그러나 이러한 의무는 당사자가 그 토지를 충분히 이용하고, 타인이 이용할 토지가 넉넉하게 남아 있을 때만 가능하다.

로크의 논리에 따르면, 가치는 인간의 노동에서 발생한다. 로크는 경작되지 않은 1,000에이커(야드파운드법에 의한 논밭 넓이의 단위. 1에이커는 약 4,047제곱미터다_옮긴이)의 황무지보다 경작된 1에이커의 밭이 더 가치 있다고 말했다. 토지가 아무리 넓다 해도 노동을 거치지 않으면 아무런 가치가 없다. 그러나 가치 있는 토지라고 해도 당사자가 스스로 이용 가능한 한도 내에서만 가치가 있다. 혼자서 이용할 수 없을 정도로 축적한 산물은 부정한 것이다. 아무리 많은 식량을 비축해두었다 해도 창고에서 썩어가게 방치한다면 아무 의미가 없다.

그래서 사람들은 변질되지 않는, 내구성과 희소성이 뛰어난 금과 은을 화폐로 사용하기 시작했다. 금이나 은 자체는 금속으로서의 특질 이외에는 아무런 가치가 없지만, 사람들의 합의에 따라 바르게 사용하기만 한다면 변질되기 쉬운 생활필수품과 교환할 수 있는 매개물이 될 수 있다. 화폐 제도가 정착하자 사람들은 변질되지 않는 화폐를 비축하기 시작했다. 사람들은 땀 흘려 일하고 부를 축적했다. 각자의 근면함의 정도에 따라 비축하는 화폐의 양에 차이가 생겼고, 사람들의 재산에도 다양한 격차가 발생했다.

재산의 정도에 차이가 생기자 타인의 소유권을 침해하는 자가 나타났다. 사람들은 원래 자연 상태에서는 스스로의 몸과 사유재산을 지키고 자유롭게 행동할 권리를 자연으로부터 부여받았기에 이를 침해하는 자는 처벌하고, 경우에 따라서는 사형에 처할 수도 있다. 그러나 이와 같은 부정행위자를 개인이 임의로 처벌한다면 사적으로 형벌을 행사하는 무질서가 범람할 것이다.

그래서 사람들은 자연 상태에서 자연법에 기초해 자유롭게 행동하던 권리를 포기하고, 하나의 정치사회를 결성해 부정행위자의 처벌을 공동체의 구성원인 다수의 의지에 맡기게 되었다. 인간이 정치사회를 결성한 것은 각자의 생명과 자유, 재산을 보다 안전하고 효과적으로 지키기 위해서였다는 것이 로크의 사회계약설이다.

'공공의 선'과 국민주권

모든 사람이 자연법의 집행권을 포기하고 이를 '공공의 손The Public'에 위탁할 때, 시민사회 또는 정치사회가 성립된다. 이 경우

통치자가 한 사람이든(군주제), 소수든(귀족제), 다수든(민주주의) 통치자에게 맡겨진 권력은 정치사회 구성원의 자연권이므로 국가의 주권이 모든 구성원(민중)의 손에 있음은 두말할 필요 없는 진리다. 통치자는 그저 민중의 권력을 대행하는 대표에 지나지 않는다. 그렇게 볼 때, 절대왕정은 시민사회와 모순되는 정치 제도임이 명백하다. 절대군주란 플라톤의 철인왕처럼 법을 초월한 존재이며, 입법권과 행정권을 모두 자신의 손아귀에 거머쥔 자다. 만약 절대군주가 민중의 뜻에 반해 자의적인 정치를 할 경우, 그를 제약할 방도가 없다(로크, 《통치론》 7장 '시민사회').

그러므로 정치사회에서 가장 중요한 기관은 입법부다. 입법부는 사회 구성원의 권력을 하나로 수렴한 기관이며, 민중이 선출하고 임명한 대표자로 성립된다. 모든 행정관은, 설령 국왕일지라도 입법부가 제정한 법에 따라야 한다. 하지만 입법부라고 해서 함부로 법률을 제정할 수는 없다. 입법부가 가지는 권력은 '사회 공공의 선 Public Good of Society'을 위한 것이며, 그 외에는 어떤 목적으로도 사용할 수 없다. 그리고 이 공공의 선의 밑바탕에는 신의 의지인 자연법이 있다(로크, 《통치론》 11장 '입법권').

다시 말해, 통치자가 위임받은 권력을 남용할 때 국민은 당연히 통치에 항의하고, 상황에 따라서는 새로운 통치 형태를 만들 권리가 있다. 국가사회의 주권은 국민에게 있으므로 국민에게는 당연히 항의권과 혁명권이 있다(로크, 《통치론》 19장 '통치의 해체'). 국민주권이라는 로크의 사상의 밑바탕에는 자연법(이성의 법)을 소유하고 있으면서도 그에 따라 살아갈 수 없는 인간의 나약함에 대한 자각이 깔려 있다. 로크는 인간의 나약함을 자각했기에 많은 사람의 합의와 노력으로, 때때로 폭발하는 이 나약함을 극복하면서 끝없이 점진적으로 이성적 질서를 실현해나가야 한다고 믿었던 것이다.

헤겔과 마르크스, 그리고 기독교의 종말론

18세기에서 19세기 사이에 나타난 걸출한 철학자로 게오르크 빌헬름 프리드리히 헤겔Georg Wilhelm Friedrich Hegel(1770~1831)과 칼 하인리히 마르크스Karl Heinrich Marx(1818~1883)가 있다.

그들의 철학의 사상적 깊이는 이루 헤아릴 수 없을 정도로 깊지만, 사회사상의 관점에서만 보면 소비에트 연방의 해체를 계기로 일어난 사회주의 국가의 붕괴와, 구소련과 동구권의 체제 붕괴로 인한 마르크스주의의 설득력 상실이라는 20세기 말의 역사적 상황과는 도저히 따로 떼어 생각할 수 없을 정도로 20세기 말의 시대정신을 뚜렷하게 보여준다. 역사적으로도 사상적으로도 중요한 이들의 사상은 철학을 공부하는 사람이라면 누구나 한 번쯤은 짚고 넘어가야 한다.

마르크스의 종말론적 유토피아 사상의 밑바탕에는 헤겔의 역사철학이 자리하고 있으며, 헤겔의 역사철학은 기독교의 종말론을 세속 세계에 적용할 수 있게 변형한 사상이다. 칼 뢰비트Karl Löwith(1897~1973)는 《역사의 의미Weltgeschichte und Heilsgeschehen》에서 모든 역사철학은 기독교의 종말론 신앙의 세속화라고 주장했다. 뢰비트의 주장은 마르크스에서 시작해 역사를 거슬러 올라가 아우구스티누스를 거쳐 성서의 역사관에 이르기까지의 철학 계보를 샅샅이 훑어보며 내린 결론이다.

기독교의 종말론이란 한마디로 세계 역사에 시작이 있으면 끝도 있다는 신앙이라고 정리할 수 있다. 세계 역사는 신의 창조로 시작되어 최후의 심판을 향해 전진하고, 그것으로 모든 역사가 종결된다는 신앙인 셈이다. 기독교의 종말론은 어디까지나 신앙에 뿌리를 두고 성립된 사상으로, 현실에서는 최후의 심판이 언제 어떤 형태로 도래할지 그 누구도 알지 못한다. 만약 현실의 역사적 시점을 기준으로 종말의 시기를 설정한다면 종말론은 모두 환상이며, 허무맹랑한 이야기가 되어버린다는 사실은 2,000년에 걸친 기독교 역사가 이미 증명하고 있다. 종말을 예언한 예언자들의 말처럼 기독교의 종말론이 현실 역사에서 이루어졌다면, 우리 세계는 이미 몇 번이나 종말을 맞았을 것이기 때문이다. 인류는 두 차례의 세계 대전을 겪었지만, 세계는 아직 종말을 맞지 않았다. 따라서 종말론의 세속화란 이 지상에 모든 역사의 최종 상태를 초래하려는 사상이라고 할 수 있다. 헤겔과 마르크스는 종말이 어떠한 형태로 언제 이루어질지를 자신들의 사상을 통해 보여주고자 했다.

헤겔은 "세계 역사는 정신의 자아실현 과정"이라고 주장한다. 다른 말로는 '자유의 자아실현'이라고도 표현할 수 있다. 즉, 역사의 흐름 속에서 이성화가 이루어져 비논리적인 것을 극복하고 모든 사람이 자유로워지는 과정이라는 주장이다. 인간은 누구나 자신의 욕망과 야심을 추구하며, 온갖 좌절과 성공을 겪으며 자신의 의도를 실현하려 하지만, 그들은 모두 세계정신에 조종되어 행동하는 꼭두각시일 뿐이다. 세계정신의 목적은 자아실현, 즉 세계의 이성화를 완수하는 것이다.

헤겔은 세계 역사를 세 단계로 나누어 설명한다.

첫 번째 단계는 정신이 자연성 속에 매몰되어 아직 자유를 자각하지 못한 '동양적 단계'이며, 이 단계에서는 한 명의 전제군주만 자유를 누리고, 나머지 사람들은 모두 인간이 본래 자유롭다는 사실을 깨닫지 못한다.

두 번째 단계는 '그리스인의 단계'다. 그리스인은 자유 의식에 눈을 떴지만, 소수의 시민만이 자유를 누리는 데 그쳤고, 모든 이가 평등하게 자유를 누리는 경지에는 이르지 못했다.

세 번째 단계는 기독교와 더불어 도래했다. 이 단계에서 비로소 인간은 인간으로서의 자유를 자각한다. 그러나 '신 앞에서'라는 종교적 의식에 의해서만 성취되는 자유로, 그 최종 형태가 게르만족이 완성한 입헌군주제다.

장대한 역사적 관점과 비교해볼 때 헤겔의 종말론은 어쩐지 초라하다. 요즘 세상에 입헌군주제를 인간의 자유가 최대한 실현된 최선의 정치 형태라고 믿는 사람은 아마 없을 것이다. 입헌군주제는 일부 국가에서 아직 명맥을 유지하고 있지만, 차츰 허울만 남은 허수아비 권력이 되어 언젠가는 완전한 민주주의로 대체된다는 것이 현대인의 상식이다.

그렇다면 헤겔에게서 역사의 종말론적 구조를 그대로 물려받아 그 사상을 바탕으로 변증법적 유물론을 탄생시킨 마르크스의 사상은 어떨까?

마르크스는 물질적 생산력을 일정한 발전 단계에 대응시켜 사회의 성립 과정을 설명했다. 그는 인간이 물질적 생산력이라는 하부 구조를 세우고, 그 위에 입법, 정치, 사상, 예술, 종교 등의 상부 구조를 덧붙여 사회를 완성했다고 주장했다.

그런데 물질적 생산력이 차츰 발전해가면서 과거의 물질적 생산력에 맞추어 만들어졌던 생산 관계(경제 구조)와 모순을 일으키고, 모순에서 불거진 알력이 필연적으로 사회 변혁을 불러온다. 마르크스는 세계사는 이 변혁의 역사라고 말한다. 그의 주장에 따르면, 세계의 역사는 원시 공동체에서 고대 노예제로, 그리고 봉건제도를 거쳐 근대 부르주아 자본주의로 전개되었다. 인류는 지금 이 모순의 최종 단계에 도달해 부르주아 자본주의 사회의 내부에서 발전했던 생산력이 사회의 구조 자체를 파괴하기에 이르렀으므로 프롤

변증법적 유물론의 창시자, 칼 하인리히 마르크스

레타리아 혁명으로 생산 수단을 공유하고 계획경제를 실현해 계급 대립과 빈부 격차가 없는 자유로운 사회를 만들어야 한다. 마르크스는 이것이 역사의 최종 단계라고 믿었다.

그렇다면 마르크스주의에 입각해 건설된 사회주의 국가는 지금 어떻게 되었을까? 구소련과 동구권 국가들의 사례에서 알 수 있듯, 사상과 신앙, 언론·집회·결사, 이동의 자유 등의 기본적 인권이 말살된 경찰국가가 마르크스주의를 충실히 따른 국가들의 현실에서의 모습이다. 이들 국가는 생산이 정체되고 문화는 쇠퇴해 마르크스의 의도와는 정면으로 배치되는, 일체의 자유를 박탈당한 수용소 국가가 되고 말았다.

현실 세계에서 마르크스주의가 실패한 원인은 무엇일까? 근본적인 오류는 하부 구조 이론에 있다. 설령 의식이 물질적 하부 구조에 의해 결정되고, 역사가 필연적으로 진보한다 해도 사회주의를 이상으로 내건 사람들을 혁명으로 이끄는 것 자체가 자가당착이다. 마르크스주의의 논리가 옳다면 굳이 사람들을 혁명으로 내몰지 않아도 사회주의 국가로 변화할 것이기 때문이다. 만약 마르크스의 주장이 옳다면, 인간이 어떻게 살든 사회주의 국가의 출현은 역사적으로 당연한 귀결이다.

마르크스주의에서 이 결정론 사상의 모순은 이미 수없이 지적되어 왔다. 이러한 모순은 인간의 자유를 말살한 사회주의 국가의 붕괴로 가시화되었다. 결정론은 인간에게서 윤리성을 앗아갔다. 윤리성을 상실한 인간은 채찍으로 다스려지는 동물과 다름없다.

1989년 체코슬로바키아의 공산주의 정권이 붕괴한 후 감옥에서 석방되어 국민 선거를 거쳐 대통령으로 취임한 바츨라프 하벨Vaclav Havel(1936~2011)은 이듬해 미국 의회에서 마르크스주의의 모순을 신랄하게 지적하는 세기에 남을 명연설을 했다. 그의 연설 일부를 살펴보자.

> 우리는 무시무시한 경험을 했지만, 그 경험을 통해 당신들에게 가르쳐줄 수 있는 한 가지 교훈을 얻었다. 공산주의자가 말하듯 존재가 의식에 앞서는 것이 아니라, 의식이 존재보다 먼저라는 깨달음이다. 공산주의 사회에서는 사람들이 명령받은 대로 움직일 수밖에 없다 보니 스스로는 아무것도 하려 하지 않았다. 세계의 변혁은 인간의 마음속에서만 이루어질 수 있다.

마르크스주의의 또 하나의 문제점은 헤겔의 경우와 마찬가지로 역시 세속적으로 변질된 종말론 사상에 있다. 우리는 인류의 역사가 일정한 형태로 종결된다는 생각이 더 이상 설득력을 발휘하지 못하는 시대를 살고 있다. 종말론이 세속화되면 기존의 현실을 고정해 제도화하고, 인간에게서 자유로운 분위기와 발전으로 가는 에너지를 강탈한다. 이미 기독교 자체가 역사 속에서 끊임없이 위기에 처하며 종말론의 모순을 증명했다. 표도르 도스토예프스키Fyodor Dostoevskii(1821~1881)가 《카라마조프가의 형제들Bratya Karamazovy》의 이단 심문관 이야기에서 은유적으로 지적한 부분도 바로 이러한 모순이다(《카라마조프가의 형제들》에는 〈대심문관〉이라는 시가 실려 있다. 종교재판의 광기가 한창이던 어느 도시에 변장한 예수가 나타난다. 이단 심문관은 예수를 잡아 감옥에 가두고 비난한다. 예수는 광야에서 사탄의 제안대로 기적을 행해 구세주라는 명성을 얻어야 했지만, 그 제안을 받아들이지 않았다. 예수는 사탄의 제안을 거절해 기적, 신비, 권위라는 세 가지 힘을 빼앗긴다. 심문관은 예수가 인간의 자유를 지배하라는 사탄의 제안을 거절했기 때문에 우리 인류에게 너무나 쉽게 거절당하는 존재로 전락하고 말았다고 비난한다. 즉, 예수가 자신의 특권을 스스로 포기했기 때문에 사람들에게 믿음을 강요할 수 없었다는 것이 심문관의 주장이다. 심문관은 예수보다 영리했던 교회는 예수의 전철을 밟지 않기 위해 기적과 신비, 권위를 내세워 사람들이 신앙생활을 할 수 있게 한다며 궤변을 늘어놓는다_옮긴이).

아직까지 인류의 역사를 꿰뚫어 본 사람은 없다. 인류의 미래에 무슨 일이 일어날지 예언할 수 있는 사람도 없다. 기독교의 종말론은 사람이 어떻게 살아야 할지를 가르쳐주는 윤리 원칙의 결정적 계시이며, 인간의 삶에 내려지는 최후의 심판을 믿는 신앙으로 이해해야 할 것이다.

현대의 역사적 상황

우리는 지금 20세기를 지나 21세기를 살고 있다. 지난 한 세기 동안 일어난 격동의 역사를 통해 우리가 얻은 깨달음 하나는 기본적 인권에 대한 자각과 확신일 것이다. 인권의식이 신장되며 세계 각지에서는 기존의 국가가 붕괴하고, 새로운 국가가 탄생했다. 우리의 눈을 의심케 하는 첫 번째 사건은 1990년대 초에 일어났다. 철의 장막, 소비에트 연방이 맥없이 붕괴한 것이다. 미국과 맞먹는 강대한 군사력과 경찰력으로 무장한 국가가 어떻게 이렇게 허무하게 하루아침에 산산조각 날 수 있단 말인가? 구소련의 붕괴는 억압된 자유가 임계점을 돌파하며 폭발했기 때문이라고 추정할 수 있을 것이다.

사상과 신앙, 언론·집회·결사, 이동의 자유 등은 유럽이 2,000년의 고투 끝에 쟁취해낸 것이지만, 소련은 이 모두를 탄압했다. 모든 자유를 탄압한 국가가 채 70년도 가지 못했다는 사실에 세계인은 경악했다. 구소련의 붕괴에 이어 동유럽 사회주의 국가들도 마치 도미노처럼 속절없이 연쇄적으로 무너지기 시작했다. 구소련 붕괴에 뒤이은 동유럽 국가의 자유와 개방은 더 이상 설명할 필요가 없을 정도로 세계사에 길이 남을 명장면이 되었다. 그들은 모두 경제적 궁핍이라는 희생을 치르면서도 자유를 갈망했다.

세계 역사의 흐름을 되돌아보면 인간의 자유와 평등에 대한 자각과 그것을 얻기 위한 투쟁이 인류 역사를 움직여온 원동력임을 알 수 있을 것이다. 이는 고대 그리스의 민주주의 정치 체제의 창조에서 시작해 유럽 대륙의 마그나 카르타, 청교도혁명, 프랑스혁명 등에서의 왕들과 민중의 피로 점철된 투쟁의 역사를 거쳐 오늘날에 이르렀다. 이 기본적 인권의 자각과 실현은 19세기 이후 한층 기세를 더해 노예 해방을 이룩한 미국의 남북전쟁, 제2차 세계대전 후의 식민지 독립운동, 흑인 인권운동, 페미니즘 운동으로 투쟁의 역사를 이어갔다. 현대 역사의 특징 중 하나는 기본적 인권, 즉 인간의 자유와 평등에 대한 자각과 실현에 있다고 말할 수 있을 것이다.

그렇다면 현대사를 정의하는 또 다른 특징은 무엇일까? 이제는 일상어로 자리 잡은 '국제화'라는 개념일 것이다. 국제화라는 단어는 우리 일상 곳곳에 침투해 우리의 삶을 좌지우지할 정도로 영향력을 발휘하고 있다. 근대의 번영은 국민국가의 성립과 더불어 시작되었지만, 국민국가가 마침내 제 사명을 끝내야 하는 시기가 도래하게 된다. 한 시대를 풍미했던 국가주의nationalism의 한계가 드러나며 종말을 맞게 된 것이다. 그때까지는 종교가 국가와 민족의 틀을 넘어 사람들을 결속하는 매개체로 작동했지만, 시대가 바뀌자 사람들은 학문과 경제, 정치의 영역에서도 국가의 테두리를 넘나들며 활동하기 시작했다. 국가와 민족의 틀에 얽매이는 국가주의가 사람들 사이에 깊은 골을 만들고 대립시켜 전쟁과, 발전을 가로막는 정체의 원인이 되었음을 차츰 깨닫게 된 것이다. 머나먼 미래에 우리 인류는 현재의 국경을 단순한 행정구역으로 만드는 세계연방정부를 만들어야 할 것이다. 세계연방 정부의 시발점은 유럽경제공동체EEC와 비정부조직NGO이 주도하는, 국가를 초월해 연대하는 정치 활동 등으로 이미 우리가 사는 현실에 모습을 드러내고 있다.

그렇다면 우리는 이러한 역사적 상황 속에서 서로 다른 민족, 종교, 문화와의 공존을 가능하게 하는 원리를 찾아야 하지 않을까? 서로 다른 배경을 가진 사람들을 한데 통합해주는 원리가 있다면 관용이 아닐까 싶다. 관용이란 나와 다른 것을 받아들인다는 뜻이다. 나와 같은 것은 누구나 쉽게 받아들일 수 있다. 나와 다른 것을 나에게 동화하려 하지 않고 차이를 유지한 채 받아들이는 정신이 관용이며, 관용의 정신이 서로 다른 사람들 사이의 평화로운 공존을 가능하게 한다. 개인의 자유가 더 많이 보장될수록 문화도 종교도 다양해진다. 서로 다른 것을 인정할수록 세계적인 연대의 끈, 즉 결속력은 더욱 견고해질 것이다. 관용이야말로 현재 우리에게 요구되는 시대정신이며, 문화적 다양성의 또 다른 이름이라고 할 수 있다.

우리는 하나의 이데올로기, 하나의 종교, 하나의 문화를 절대화하여 전체에 질서를 부여하려는 시도는 무모하다는 사실을 역사적 현실을 통해 깨달았다. 이전 세기에 파탄을 맞이한 전체주의 국가의 운명이 우리에게 주는 교훈일 것이다. 이러한 현실을 직시하고 우리가 나아가야 할 올바른 사회 구조를 고찰한 이가 미국의 철학자인 존 롤스(1921~2002)다.

롤스, '자유란 무엇인가?'

문화적 다양성이 눈앞에 현실로 나타난 시대를 사는 우리는 어떻게 사회를 구축해야 할까? 롤스는 이러한 의문을 정의론이 풀어야 할 과제로 삼았다. 각각의 민족, 풍습, 종교, 문화는 자신만의 고유한 선의 관념 또는 가치관을 갖고 있다. 자신의 가치관을 다른 사람에게 강요하거나 타인을 자신에게 동화하려 한다면 평화로운 세계가 실현될 수 없을 것이다. 그러므로 각기 다른 선의 관념은 '올바른 사회'의 토대가 될 수 없다. 사람들은 각자 고유한 삶의 방식을 소중히 여기지만, 그것은 어디까지나 각자의 주관의 영역이며, 타인에게 요구하거나 강요할 수 있는 보편적인 가치는 될 수 없다. 그렇다면 각기 다른 민족, 풍습, 종교, 문화가 평화롭게 공존하려면 보편적이고 공통적인 원리를 정립해야 하지 않을까? 롤스는 이 모든 다양성을 수렴한 가치를 '정의'라고 규정했다. 그는 인간은 누구나 정의라는 무대 위에서 다양한 문화와 종교가 어우러지도록 노력해야 할 의무가 있다고 주장했다.

그렇다면 정의란 무엇일까? 정의란 한마디로 '인간은 자유롭고 평등해야 한다'라는 요청이나 명령법 또는 율법을 말한다. 이 명령법만이 다양한 문화와 종교에 공통되는 보편적 원리이며, 정의의 원리를 상실하면 서로 다른 문화와 종교의 존위를 보장할 수 없다. 롤스는 정의야말로 인간의 궁극적 존재 원리라고 믿었고, 그것이 그의 근본 사상이 되었다. 롤스는 정의의 원리에 기초해 사회를 구축하는 것이 정의론 또는 정치철학의 과제라고 보았다.

'인간은 자유롭고 평등해야 한다'라는 명령법에는 어떤 근거가 있을까? 롤스는 이 명령법은 인류가 몇천 년에 걸쳐 피와 눈물의 대가로 획득한 직관적이고 윤리적인 규범이며, 이 직관이야말로 궁극적인 근거라고 주장했다. 롤스는 여기에 '중첩적 합의Overlapping Consensus'라는 이름을 붙였다.

롤스의 정의론은 매우 단순한 두 가지 원리에 의해 성립된다. 첫째는 자유의 원리이며, 둘째는 분배의 원리다.

먼저 첫 번째 원리인 자유의 원리를 살펴보자. 자유의 원리란 기본적 인권의 확보를 말한다. 쉽게 말해, 사상과 신앙, 언론·집회·결사, 이동, 국적 변경의 자유 등이 이에 해당한다. 자유의 원리가 정의를 규정하는 첫 번째 원리라고 가정한다면, 올바른 국가는 무엇보다 먼저 자유의 원리를 확보하고 우선해야 한다는 결론에 도달한다. 예를 들어, 경제적 분배를 위해 사람들의 자유를 제한하는 정책은 용납될 수 없다. 왜 기본적 인권이 그렇게 중요한 것일까? 인권이란 인간이 살아가기 위한 근본 조건이기 때문이다. 인간이 사는 이유는 자아를 실현하기 위해서이며, 자아의 실현은 곧 자유다. 아리스토텔레스는 "행복이란 아르테(뛰어난 능력)에 따르는 영혼의 활동이다"라고 정의했다. 아리스토텔레스의 말은 '자아실현이 곧 행복이다'라는 자기계발 사상의 원형이며, 오늘날을 사는 우리에게는 이미 상식과 같은 생각이다. 롤스 역시 이 사상을 인생에 의미를 부여하는 궁극적인 근거로 전적으로 수용했다.

그런데 인간은 이성적 동물이다. 따라서 자아실현이란 이성적 자아의 실현이 될 수밖에 없다. 즉, 사람은 우선 한 개인으로서 인생에서 무엇을 하고 싶은지 인생의 목적을 정립하고, 그 목적을 실현하기 위한 이성적 설계도를 그려 현실화하기 위한 윤리 능력을 가져야 한다. 쉽게 말해, 독자적인 선의 관념을 가져야 한다. 선의 선택과 결단, 즉 인생의 의미를 각자의 주관에 온전히 맡기는 것이 자유의 근본 의미인 것이다. 또한 인간은 자신이 살아가는 국가사회의 구조를 인식하고 조국을 올바른 사회로 만드는 힘을 기르기 위한 윤리 능력을 함양해야 한다. 이것이 공공적 윤리를 공유한다는 것이다. 인간의 자유란 개인적 자아실현과 공공적 윤리 공유라는 두 원리에 의해 수렴되며, 이 두 원리를 가능하게 하기 위해 기본적

인권이 존재한다.

그렇다면 평등이란 무엇일까? 여기서 말하는 평등이란 사람들이 외모, 재능, 재산, 지위에 상관없이 모두 평등하다는 뜻이 아니다. 천편일률적인 평등은 현실에서는 불가능하다. 이때의 평등이란 자유가 전제된 상태에서의 평등을 의미한다. 즉, 자유란 각자가 자신의 선의 관념을 가지고 공공적 이성을 공유함으로써 성립되는 개념이며, 이 자유를 모든 사람이 확보하는 것이 평등의 실현인 것이다.

올바른 사회는 각자가 자유롭게 활동하고, 스스로 선택한 목적을 추구하며, 그 목적을 실현할 수 있는 사회여야 한다. 그러나 인간에게는 선천적으로 타고난 능력이 있기 때문에 교육과 직업 선택의 기회를 만인에게 평등하게 부여하더라도 필연적으로 직업과 재산에 격차가 발생하게 마련이다. 그렇다고 불평등한 상황을 피하기 위해 인간의 자유에 제한을 두어서는 안 된다. 이것이 자유의 원리가 정의의 첫 번째 원리인 이유다.

사회주의 국가의 좌절로 증명되었듯, 인간의 자유를 제한하면 사람들은 활동할 의욕을 상실하고, 사회는 전체적으로 활기를 잃고 피폐해진다. 자유를 제한할 수 없다면 어떻게 해야 할까? 롤스는 '분배의 원리'를 이 문제의 해결책으로 제시했다. 분배의 원리란 사람들의 자유로운 활동은 사회적 약자에게 이익이 되는 조건에서만 허용된다는 것이다. 자유경쟁 사회에서는 뛰어난 능력을 가진 사람이 큰 성과를 얻는다. 이는 국가나 개인에게 모두 통용되는 사상이다. 분배는 누진과세나 갖가지 사회복지 정책, 개발도상국에 대한 무상원조와 기술 지원, 교육 지원, 자원봉사 활동 등의 형태로 나타나야 한다.

롤스는 분배의 원리의 근거로 '능력은 개인의 것이 아닌 사회의 공유재산'이라는 논리를 제시했다. 왜 능력이 개인의 전유물이 아닌 사회의 공유재산일까? 롤스의 주장에 따르면, 능력은 우연히 주어진 것이기 때문이다. 나는 어쩌다 뛰어난 능력을 갖게 되었을 뿐이다. 비루한 능력을 타고난다고 해도 딱히 신기할 게 없다. 나는 우연히 이 나라에 태어났고, 어쩌다 여자로 태어났으며, 운 좋게 건강한 몸을 타고났지만, 이 모든 것을 갖고 태어나지 못할 가능성도 엄연히 존재한다. 모든 것은 우연의 산물이다. 그러므로 능력을 사적으로 소유할 이유는 없다는 게 롤스 철학의 핵심이다.

비록 롤스가 공공연히 기독교 신자임을 밝히지는 않았지만, 우리는 롤스의 철학에서 〈마태복음〉 20장의 '포도원의 품꾼들' 비유를 자연스럽게 떠올릴 수 있다. 하루 종일 일한 품꾼과 저녁나절부터 한 시간 남짓 일한 품꾼에게 똑같은 품삯을 주었다는 이야기 말이다. 이 이야기에서 아침부터 일한 품꾼은 힘세고 쓸모 있는 사람이고, 저녁까지 아무도 써주지 않아 장터에 우두커니 서 있던 품꾼은 질병이나 나이 때문에 무력해진 쓸모없는 사람이었을 공산이 크다.

롤스는 이와 같은 정의의 두 원리는 '원초 상태original position'라는 가정 속에서 사람들이 선택한 원리라고 주장했다(사회계약설). 원초 상태란 계약의 공평성을 기하기 위해 사람들이 무지의 베일에 싸여 스스로가 누구인지를 깨닫지 못하는 상태를 일컫는 이론상의 가정이다. 이 가정은 인종도, 성별도, 능력도, 사회적 지위도 자신이 본디부터 갖고 있는 것이라고 생각해서는 안 된다는 사상을 눈에 보이는 구체적인 이론으로 완성했다는 데 의미가 있다. 능력이나 인종, 계급 따위에 집착하는 사람은 스스로의 존재가 아무 이유 없는 우연의 산물임을 망각하고 있다는 것을 깨달아야 할 것이다.

5장 | 실존철학, 존재의 의미를 묻다

키에르케고르, 실존의 관념을 이끌어내다

실존철학이란 스스로의 존재를 화두로 삼는 철학이다. 먼 옛날, 소크라테스는 "어떻게 살아야 할지를 생각하는 것이 이성을 가진 자에게 주어진 가장 중요한 사명이다"라고 역설하며 철학의 방향을 자연 탐구에서 내면 탐구로 180도 전환했다. 이러한 소크라테스의 문제의식을 고스란히 물려받은 철학이 바로 실존철학이다. 파스칼은 근세 초엽에 나타나 실존철학에 참신한 충격을 주며 새로운 바람을 일으켰지만, 사실 실존이라는 관념을 명확하게 이끌어낸 인물은 파스칼이 아닌 쇠렌 키에르케고르(1813~1855)다.

키에르케고르는 젊은 시절, 일기에 다음과 같은 글을 남겼다.

> 나는 무엇을 알아야 하는가가 아니라 나는 무엇을 해야 하는가, 이에 관한 확고한 생각을 가지고 (……) 그것은 나에게 참된 진리를 발견하는 것이며, 나의 생사를 걸 수 있는 이념을 발견하는 것이다. 객관적 진리의 발견, 철학 전체에 관한 궁극적 고찰과 개관, 그것이 무슨 소용이 있단 말인가? 국가에 관한 이론을 전개하고, 갖가지 사상을 하나로 통합하고, 그것을 타인에게 보여줄 뿐, 내가 그 안에서 살지 못하는 전당을 구축해서 실로 나에게 무슨 득이 있단 말인가? (……) 아프리카의 사막이 물을 갈구하듯 내 영혼이 조바심을 내는 것도 내 삶에 의미를 부여하는 하나의 이념의 발견이다.
>
> 키에르케고르, 《파피에Papier》, 1835년 8월 1일

파스칼과 마찬가지로 키에르케고르의 문제의식은 기본적으로 소크라테스의 문제의식을 계승해 '어떻게 살 것인가?'에 초점을 맞춘 것이었다. 키에르케고르와 파스칼의 차이라면, 키에르케고르가 숙명적으로 삶의 방식을 회의하며 살아야 하는 인간의 존재 구조에 날카로운 메스를 들이댔다는 점을 들 수 있다. 키에르케고르는 객관적 진리 외에 인간의 삶에 의미를 부여하는 것은 없다고 주장했다. 예를 들어, 성서를 다른 일반적인 책처럼 연구하고, 고대 이스라

엘과 관련된 방대한 지식을 수집하는 학자라고 해서 무조건 신앙인으로 볼 수는 없다. 객관적 지식과 신앙 사이에는 심연이 가로놓여 있고, 그 골은 지식의 양을 가교로 삼아 넘을 수 있는 성질의 것이 아니다.

쉽게 말해, 이론과 행위 사이에는 심연이 가로놓여 있다. 행위의 진리는 스스로 결단 내리고, 선택하고, 살아가는 것이므로 객관적으로 볼 수 있게 우리 눈앞에 굴러다니는 사물이 아니다. 그러므로 세계사를 설명할 수 있을 정도의 이론 체계를 구축한다 해도 스스로 그 안에서 살지 못한다면, 아무리 방대한 지식이 있다 해도 고작 비와 이슬만 가려줄 정도의 움막만큼의 가치도 없다. 키에르케고르의 눈으로 볼 때, 헤겔 철학은 변증법이라는 개념의 그물로 모든 실재를 낚아 올리려 했지만, 그물눈 사이로 실존이 빠져나가 결국 헛손질만 하고 아무것도 낚아 올리지 못한 어부와 다름없다.

실존이란 이 우주에 존재하는 온갖 사물, 예를 들어 숲이나 산, 돌멩이의 존재를 가리키는 것이 아니라 한 인간의 존재를 일컫는 말이다. 따라서 실존을 이해하려면 먼저 인간이 어떤 존재인지를 생각해보아야 한다. 인간은 자유로운 개체이며, 항상 무언가를 선택함으로써 스스로를 실현하는 존재자이기 때문이다. 키에르케고르는 실존에 관한 우화 한 편을 예로 들었다.

마차를 모는 한 사내가 있다고 가정해보자. 그는 고삐를 쥐고 있지만, 말은 익숙한 길을 달리고 있기 때문에 마차를 모는 마부의 통제를 받지 않는다. 사내는 아마 꾸벅꾸벅 졸며 마부석에서 선잠에 빠졌을지도 모른다. 또 다른 사내는 고삐를 단단하게 틀어쥐고 확실하게 마차를 통제해 달리게 한다. 어떤 의미에서는 두 사내 모두 마부라고 부를 수 있다. 그러나 진정한 의미에서는 두 번째 사내만을 마부라고 부를 수 있다는 것이 키에르케고르의 주장이다.

마찬가지로 대중과 함께 이리저리 떠돌며 그들의 외침과 움직임 속에 매몰된 사람은 어떤 의미에서는 존재한다고 말할 수 있지만, 진정한 의미에서는 실존하지 않는 셈이다. 왜냐하면 인생은 흘러가는 대로 살아가야 하는 법이긴 하지만, 각각의 순간은 오직 한 번뿐이며, 딱 한 번뿐인 순간에 스스로 선택한 목적을 향해 결단을 내리며 살아가야 하기 때문이다.

하이데거는 키에르케고르로부터 많은 영향을 받아 실존이라는 개념을 완성했다. 하이데거가 《존재와 시간Sein und Zeit》에서 전개하는 '평균적 일상성Durchschnittliche Alltäglichkeit'이라는 개념이야말로 키에르케고르가 비판하는 대중적 인간의 삶의 방식이다. 이런 부류의 인간은 호기심이 왕성하고, 유행에 민감하며, 항상 뜬소문을 좇아 '다른 사람'과 똑같이 생각하고 사는 것을 삶의 낙으로 삼는다. 하이데거는 이런 인간을 '타락한 인간'이라 명명하며, 우리는 대개 타락한 상태에 놓여 있다고 주장했다. 그는 타락한 상태는 '나', 즉 '본래의 자아'를 상실한 상태로, 본래의 자아를 통해서만 접근할 수 있는 '존재'로 가는 통로를 잃어버린 '존재 망각'의 일상적 모습이라고 생각했다. 그래서 그는 '본래의 자아로 돌아가려는' 인간들에게 조금이나마 양심이 남아 있다고 말한다.

하이데거가 말하는 인간을 '대중'으로 바꾸고, 본래의 자아를 '단독자'로 바꾸고, 존재를 '신'으로 치환하면 키에르케고르 사상의 현대적 변형이 탄생한다. 키에르케고르가 말하는 실존이란 대중 속에 존재하는 동질적 단위로서의 개인이 아닌, 유일무이하고 절대적인 개인이다. 키에르케고르는 대중은 진리가 아니라고까지 단언한다. 왜냐하면 대중은 개인을 완전히 무책임하게 만들기 때문이다. 그러므로 실존하려면 복합적인 의미에서 보편성을 초월해야 한다. 그것이 국가든, 교회든, 민족이든, 절대정신이든 복합적인 개념 안에 자신을 매몰하는 사람은 개인으로서의 책임, 즉 원죄를 가지고 태어난 인간으로서의 본성을 포기하는 것이다.

키에르케고르는 인간은 보편적인 개념 안에서 충분히 설명할 수 없는, 보편적인 것 이상의 존재라고 믿었다. 그는 '단독자로서 모든 책임을 짊어지고 신 앞에 서는 것'이 실존의 의미라고 정의했다. 장 폴 사르트르Jean Paul Sartre(1905~1980. 프랑스의 실존주의 철학자로, 대표작으로 《존재와 무L'Etre et le Néant》가 있다. 데카르트나 키에르케고르와 달리 사르트르의 실존주의는 극단적 개인주의 관념론에서 출발한다. 사르트르의 사상은 '실존은 본질에 앞선다'라는 말로 규정할 수 있다_옮긴이)의 사상에서 볼 수 있듯, 현대 실존철학은 키에르케고르의 정의에서 '신 앞에'가 탈락하고, '모든 책임을 짊어진 단독자'라는 개념만 계승한 사상이라고 볼 수 있다.

실존하는 자란 자유로운 자, '이것이냐, 저것이냐'의 선택에 스스로를 거는 자, 즉 자신의 존재에 전적인 책임을 지는 자다. 실존하는 자에게는 항상 불안이 따라붙게 마련이다. 불안이란 미지의 대상에 유혹을 느끼고 이끌리는 동시에 현재의 안전을 상실할까 두려워하는 상태를 일컫는다. 스스로의 자유를 자각하지 못한 무구한 상태일 때, 인간에게 불안은 존재하지 않는다. 그러나 하나님의 명령을 어겨 선악과를 따 먹고 자유를 자각한 아담은 동시에 죄의 유혹을 느끼고, 에덴동산이라는 낙원을 상실했음을 깨달았다. 즉, 끊임없는 불안의 상태에 들어선 것이다.

자유의 대가는 불안, 그것이 자아를 선택해야 하는 인간의 영원한 숙명이며, 불안은 요람에서 무덤까지 인간을 따라다닌다(참고로 하이데거는 불안에 대한 키에르케고르의 사상을 전적으로 수용해 인간의 본질적 상태를 '불안'으로 보았다. 다만 하이데거는 불안의 정의에서는 다른 입장을 취했다. 그는 불안이란 무無의 위를 유영한다는 의미라고 정의 내렸다. 인간은 이 세상에 내던져졌다는 의미에서의 존재 근거의 허무함이라는 '무'와 죽음이라는 '무' 사이에 어정쩡하게 낀 철저하게 무력한 존재자다). 키에르케고르는 "인간이란 절벽 위에서 심연을 들여다보는 존재"라고 은유적으로 설명하기도 했다. 인간은 절벽 위에서 현기증을 느끼며 심연으로 손짓하는 유혹에 반발하는 동시에 심연을 의식하는 존재다. 인간의 삶이란 절벽 위에서 심연으로 뛰어들고 싶은 유혹과 맞서 싸우는 것이다. 우리는 모두 미지의 미래에 현기증을 느끼며 살아가는 존재다.

부조리로의 도약

키에르케고르는 인생을 산다는 것, 행동한다는 것은 이론적인 근거를 찾을 수 없는 결단이자 선택이라고 주장하며 '도약'이라는 단어를 써서 표현했다. 그는 인생행로에는 세 단계가 있다고 주장했다.

첫 번째 단계는 '미美적 단계'다. 인간은 감각적 쾌락을 추구하며 꽃에서 꽃으로 이리저리 옮겨 다니는 나비와 같다. 우리는 자신의 선택을 제한하고, 삶에 확정된 형태를 부여하려는 것을 증오한다. 키에르케고르는 "한 꽃에 정착하지 못하는 나비처럼 이 꽃에서 저 꽃으로 옮겨 다니는 자기 분산적 행동이 곧 자유"라고 말했다. 마치 파스칼의 "자신을 망각하기 위해 심심풀이에 몰두하는 것이 인간"이라는 주장과 쌍둥이처럼 닮아 있다. 인간은 감각적 쾌락에 빠져 자아를 상실하지만, 마음 깊은 곳에서는 막연한 불안을 느낀다.

여기서 두 번째 단계인 '윤리적 단계'로의 도약이 일어난다. 이 단계에서 인간은 자신을 회복해야 한다는 갈증, 타는듯한 목마름에 눈을 뜬다. 키에르케고르의 말에 따르면, 이는 이론적 이행이 아닌 결단에 의한 도약이다. 보편적 도덕 법칙에 따라 스스로의 삶에 확고한 형태와 합리적 이유를 부여하려는 노력인 것이다. 윤리적 단계에 도달한 사람은 인간의 나약함을 의지의 힘으로 극복할 수 있다고 생각하며, 인간의 윤리적 자족을 믿는다. 그러나 사실 인간은 자력으로 완전한 덕에 이를 수 없다. 이 단계의 인간에게는 응당 죄의식이 결여되어 있다.

여기서 세 번째 단계로의 도약이 일어난다. 죄의 자각을 구름판 삼아 도약해 신과 대면하는 '종교적 단계'다. 키에르케고르에게 신의 존재는 논증으로 증명될 수 있는 성질의 것이 아니었으므로 어떤 의미에서는 불확실한 존재다. 증명될 수 있는 확실한 존재라면 믿을 필요가 없다. 그러므로 '믿음'이란 객관적으로는 불확실한 존재에게 열정적으로 자신의 모든 것을 거는 행위라고 볼 수 있다.

왜 '나'라는 가장 큰 판돈을 내걸어야 할까? 스스로의 죄를 깨달았기 때문에 자신을 바치는 것이다. 죄란 내가 신에게서 벗어나 절망의 나락에 떨어졌음을 자각하는 행위다. 나는 신에 의해 존재하게 되었으면서도 신에게서 벗어나 구원받을 수 없는 상태에 이르렀다. 그 상태를 자각하는 것이 죄에 대한 자각이다. 이 자각은 신의 부름을 받지 않는 한 인간의 내면에서 자력으로는 일어나지 않는다. 이 주장은 달걀이 먼저냐 닭이 먼저냐와 같은 논리적 순환의 고리에 빠지는 것으로 보이지만, 어쨌든 죄에 대한 자각이 신에게로 도약하는 발판이 된다는 사실만은 분명하다.

그렇다면 신이란 도대체 무엇일까? 만약 신이 존재나 절대자, 순수 현실태나 공허, 허무, 아페이론(만물의 근원)이라면 일종의 이론적 접근이 가능할 것이다. 그러나 육신을 갖고 이 세상에 내려온 신, 즉 신이 인간이 된 것, 무한자가 유한자가 된 사태는 인간의 이해 범위를 넘어서는 모순이며, 자가당착이다. 예수의 존재를 이론으로 이해하는 것은 불가능하다. 기독교에서 말하는 신은 이 부조리이며, 키에르케고르는 이 부조리에서도 도약해야 한다고 역설했다.

그런데 왜 기독교의 신은 이다지도 부조리한 존재여야 할까? 결론부터 말하자면, 기독교의 신은 사랑이기 때문이다. 사랑하는 사람은 사랑하는 상대와 적어도 같은 차원에 있고자 한다. 한쪽이 우월한 차원에 있다면 양자의 관계는 지배와 피지배의 관계가 되므로 사랑이 성립할 수 없기 때문이다. 그래서 신은 스스로를 완전히 내어주고 신성을 포기한 후 노예의 모습으로 인간 세상에 내려왔다. 이것이 신이며 동시에 인간이라는 이해할 수 없는 부조리 또는 역설이며, 부조리의 이유라면 이유가 될 수 있을 것이다. 키에르케고르는 이와 같은 역설에 자신의 존재를 거는 것을 "불확실한 것을 향한 정열적인 도약"이라고 말하며, '주관성이 곧 진리다'라는 말로 바꾸어 말하기도 했다.

니체, 신의 죽음과 초인의 등장

키에르케고르가 그리스도의 제자로 실존철학을 연구했다면, 스스로를 적敵그리스도라고 칭했던 프리드리히 니체(1844~1900)는 기독교에 맞서는 무신론자를 대표하는 실존철학자라고 할 수 있다. 니체의 철학에는 온갖 속박으로부터의 해방과 미지의 미래에 대한 동경이 담겨 있으며, 그러한 참신함이 당시 젊은이들의 마음을 사로잡았다. 동시에 그의 철학에는 존재에 대한 무거운 고뇌를 짊어지고 살아야 한다는 절망적인 분위기가 감돈다. 희망과 절망이 교차하는 불가사의한 마력을 내뿜는 그의 철학은 구원의 가능성이 보이지 않는 시대를 살아가던 사람들에게 마치 신의 존재를 믿지 않으면서도 순교를 택한 자의 고통과 같이 받아들여진다.

'신은 죽었다'라는 말은 니체의 말 중 가장 유명하다. 이는 신성 모독이 만연한 현대의 특징을 단적으로 표현하고 있다. 《즐거운 학문, 메시나에서의 전원시 유고(1881년 봄~1882년 여름)die Frohliche Wissenschaft》에서 니체는 한 광인을 묘사한다. 왜 하필 광인이어야 할까? 정신이 온전하지 못한 미치광이가 아니고서야 그 누가 훤한 대낮에 등롱을 들고 거리를 뛰어다니겠는가? 게다가 그 광인은 신을 찾는다. 그 모습을 보고 사람들은 그를 조소한다.

"신이 우리가 겁이 나서 숨었단 말인가? 아니면 어린아이처럼 가

무신론자를 대표하는 실존철학자, 프리드리히 니체

출이라도 했단 말인가?"

주위 사람들은 더 이상 신을 믿지 않는다. 그러자 광인은 이렇게 말한다.

"신이 어디로 가버렸느냐고? 내가 너희에게 말해주겠다. 너희가 신을 죽였다. 너희와 내가 말이다."

이어지는 장면에서 광인은 이 교회 저 교회로 난입해 "신에게 영원한 안식을"이라고 노래한다.

니체에 따르면, 신의 죽음이란 여러 의미에서의 소멸이다. 우리가 우러러야 할 태양은 존재하지 않는다. 더 이상 위도 아래도 오른쪽도 왼쪽도 없다. 방향이 없다. 춥다. 깜깜한 밤중에 우리는 되돌아갈 수도 없는 어둠 속을 방황한다.

니체는 한 치 앞도 보이지 않는 어둠 속을 걷는 인간을 초기에는 '자유정신Freier Geist'이라 불렀다. 자유정신은 새로운 사람, 무명의 사람, 이해받기 어려운 사람, 아직 불명료한 미래의 조산아다.

예부터 숭배해온 권위 있는 갖가지 의무에 단단히 속박되어온 사람이 갑작스러운 지진처럼 찾아온 해방을 맛보면 그의 영혼은 불타오른다. 그리스 신화 속 아르고Argo선(그리스 신화에서 이아손Iason은 황금 양털을 얻기 위해 아르고라는 이름의 배를 만들어 콜키스Colchis로 떠난다. 콜키스 왕이 황금 양을 잡아 양털을 군신 아레스Ares에게 바치고, 용이 지키는 나뭇가지에 걸어놓았기 때문이다. 이아손은 콜키스 왕의 딸 메데이아Medeia의 도움을 받아 황금 양털을 얻는 데 성공한다_옮긴이)의 승조원처럼 그는 난파와 좌절의 위험을 무릅쓰고 미지의 나라를 찾아 바다로 출항한다. 지금까지 의무라고 칭했던 것에 대한 경멸, 방랑과 이향離鄕과 냉철함을 향한 폭발적인 열망, 그의 영혼이 그때까지 우러르고 사랑했던 신전을 향한 모멸에 찬 눈빛, 이것이 자유정신의 모습이다. 자유정신에는 자의가 있고, 자의에 대한 쾌감이 있으며, 점점 더 위험을 향해 달려가는 '호기심의 물음표'가 있다(니체, 《인간적인 너무나 인간적인Menschliches, Allzumenschliches》 1권 서장 3).

《차라투스트라는 이렇게 말했다Also sprach Zarathustra》 1권 첫머리에는 유명한 '인간 정신 발전의 3단계'가 술회되는데, 니체가 말하는 자유정신은 그 두 번째 단계에 해당한다. 인간 정신은 먼저 무거운 짐을 짊어지고 묵묵히 사막에서 발걸음을 재촉하는 낙타의 단계를 지난다. 이윽고 의무라는 무거운 짐을 훌훌 내던지고, "나는 욕망한다"라고 외치며 떨치고 일어선다. 그것이 사자다. 사자는 자유를 갈망한다. 이 사자는 자유정신이다.

이 자유정신에 앞서 초인Übermensch(위버멘쉬)이 온다. 니체의 화신인 차라투스트라는 서른 살이 되자 산으로 들어가 10년간 동굴에서 독수리, 뱀과 동고동락하며 고독한 세월을 보낸다. 어느 날 아침, 차라투스트라는 일출을 보며 태양을 향해 걸어 나가 이렇게 말한다.

> 그대, 위대한 천체여, 만일 그대가 빛을 쏟아부을 상대를 만나지 못했더라면 그대의 행복도 없었으리라. (……) 보라! 나는 너무 많은 꿀을 모은 꿀벌이 그러하듯 나의 지혜에 싫증이 나 있다. 이제는 그 지혜를 갈구하여 내밀 손들이 있어야겠다. 나는 베풀어주고 나누어주고 싶다. 사람들 가운데서 지혜롭다는 자들이 새삼스레 자신의 어리석음을 기뻐하고, 가난한 자들이 새삼스레 자신의 넉넉함을 기뻐할 때까지. 나는 이제 사람들을 만나기 위해 저 아래로 내려가려 한다.
>
> 니체, 《차라투스트라는 이렇게 말했다》 서설 1

그리고 산에서 내려온 차라투스트라는 군중을 향해 이렇게 역설한다.

> 나는 너희에게 초인을 가르친다. 사람은 극복되어야 할 그 무엇이다. 너희는 사람을 극복하기 위해 무엇을 했는가?
>
> 니체, 《차라투스트라는 이렇게 말했다》 서설 3

차라투스트라는 생물들은 지금까지 그들 이상의 것을 창조해왔지만, 인간들은 다시 원숭이로, 벌레로 돌아가려 한다고 꾸짖는다. 인간 가운데 더없이 지혜로운 자라 하더라도 그 역시 식물과 유령의 불화이자 잡종에 불과하다. 인간은 대지에 충실해야 하지만, 잘못된 자들을 따르며 신을 경멸하고 있다. 하늘나라에 대한 희망을 운운하는 자들은 독을 타 사람들에게 화를 입히는 자들이다. 그런 자들은 생명을 경멸하고, 소멸해가고 있는 자들이며, 이미 중독된 자들로, 대지는 그들에게 지쳐 있다며 초인을 역설한다.

> 사람은 짐승과 초인 사이를 잇는 밧줄, 심연 위에 걸쳐진 하나의 밧줄이다. (……) 사람에게 위대한 것이 있다면, 그것은 그가 목적이 아니라 하나의 다리라는 것이다. 사람에게 사랑받을만한 것이 있다면, 그것은 그가 하나의 과정이요, 몰락이라는 것이다.
>
> 니체, 《차라투스트라는 이렇게 말했다》 서설 4

> 보라, 내가 너희에게 초인을 가르치노라! 그가 바로 번갯불이요, 광기다!
>
> 니체, 《차라투스트라는 이렇게 말했다》 서설 3

니체의 수사법rhetoric에는 우리의 마음을 뒤흔드는 힘이 있다. 인간에게는 분명 "극복되어야만 할 무언가가 있다." 인간은 짐승과 초인을 이어주는 과도적 존재이며, 다리이며, 그물을 펼치는 자이며, 대지와 생명에 충실한 자여야 한다. 니체는 우리에게 초인이 되라고 용기를 북돋기는 하지만, 정작 초인이 어떤 사람인지는 언급하지 않는다. 아마 말할 수 없었을 것이다. 누구에게도 발설할 수 없었기 때문이다. 그는 초인이란 인간이 쉼 없이 창조해가는 존재여야 한다고 믿었다.

니체는 초인에 관해 비유를 통해서밖에 술회할 수 없는 이유를 이렇게 밝힌다.

> '창조하는 자'가 아니라면 그 누구도 무엇이 선이고, 무엇이 악인지 알지 못한다.

니체, 《차라투스트라는 이렇게 말했다》 3부 '낡은 서판과 새로운 서판에 관하여'

그렇다면 니체가 말한 '창조하는 자'는 누구일까? 창조하는 자는 지금까지 그 누구도 꿈꾸지 못한 머나먼 미래로, 그 어떤 조각가의 몽상보다도 뜨거운 남국으로, 신들이 춤추며 모든 의복을 부끄럽게 여기는 나라로 우리를 초대하는 자다.

그곳에서는 일체의 생성이 신의 춤이며, 신의 변덕이다. 그곳에서는 자유가 필연이며, 순간이 영원하다. '순간이 영원하다'라는 말은 니체의 궁극적 사상인 '영원회귀'의 잉태를 예지한 대사다. 순간은 영원히 반복되기 때문에 영원하며, 영원은 순간으로서 무한히 되풀이되어 도래하므로 영원하다. 여기서 등장하는 신의 춤이 창조이며, 그 창조에 관여하는 자가 바로 초인이다.

니체가 말한 '인간 정신 발전의 3단계'의 최종 단계는 '장난꾸러기 어린아이'다. 그는 이 사상을 헤라클레이토스에게서 차용했다. 헤라클레이토스의 우주론에서 만물은 상호 대립하는 모습으로 나타난다. 상호 대립은 동일한 실체가 변화하거나 회귀하는 현상에 지나지 않으며, 이 회귀하는 상호 변화가 곧 우주의 질서다.

> 모든 물건에 대해 동일한 세계 질서는 어떠한 신도 인간을 창조하지 않았다는 것이다. 그것은 언제까지든지 있었고, 있고, 또 있을, 적당히 불타고, 적당히 꺼지는 영원히 생명 있는 불이다.
>
> 헤라클레이토스(알렉산드리아의 클레멘스, 《학설집》 5권 105)

마치 해변에서 노는 어린아이가 모래성을 만들면 파도가 밀려와 애써 쌓은 성을 무너뜨리고, 아이가 다시 성을 지으면 또다시 파도가 밀려와 성을 무너뜨리는 것과 같다. 이 무심한 장난은 언제까지고 이어지는데, 생성 역시 무심한 장난처럼 끝없이 이루어진다. 이러한 헤라클레이토스의 사상에서 영감을 얻어 니체는 이렇게 말한다.

> 어린아이는 순진무구요, 망각이며, 새로운 시작, 놀이, 제 힘으로

돌아가는 바퀴이며, 최초의 운동이자 거룩한 '긍정Ja'이다.

니체, 《차라투스트라는 이렇게 말했다》 1부 '세 단계의 변화에 관하여'

이 '긍정'이야말로 초인의 창조성의 원동력인 것이다.

영원회귀, '긍정의 최고의 방정식'

어느 날, 차라투스트라가 큰 다리를 건너고 있을 때였다. 불구자와 거지들이 그를 에워쌌다. 곱사등이 하나가 나서서 그에게 말했다. "보라, 차라투스트라여! 민중이 그대를 전적으로 믿게 하려면 해야 할 일이 있다. 누구보다도 우리 불구자들을 설복해야 한다는 것이다. 마침 여기 엄선된 불구자들이 있으니 진정 그대에게 절호의 기회가 아닐 수 없다! 그대는 눈먼 자를 고쳐 볼 수 있게 하고, 절름발이를 고쳐 걷게 할 수 있을 것이다."

니체, 《차라투스트라는 이렇게 말했다》 2부 '구제에 관하여'

곱사등이 사내의 말을 들은 차라투스트라는 불구자를 치유해봤자 아무 소용이 없다고 말한다. 맹인에게 시력을 되돌려주면, 그는 지상의 추악함을 보고, 자신을 치유해준 이를 저주할 것이다. 절름발이가 달릴 수 있게 되면, 그는 자신의 악덕을 온 사방에 퍼뜨리고 다닐 것이다. 곱사등이의 등허리에서 혹을 없애주면, 그는 넋을 빼앗기게 될 것이다. 차라투스트라는 이렇게 말하며 설교를 이어간다.

우리의 인생은 단편이고, 수수께끼이며, 잔혹한 우연이다. 의지는 시간이 거꾸로 흐르지 않는다는 사실에 분개한다. '과거의 일'은 의지가 굴릴 수 없는 돌덩이이기 때문이다. 의지는 복수심에 불타 스스로를 벌한다. 의지는 과거로 거슬러 올라가 의지를 행사할 수 없기 때문에 의지로 이루어진 생 자체를 형벌로 규정했다. 그리고 의지는 의지를 버림으로써 스스로를 구제하려고 했다. 그것이 불교라고 아르투르 쇼펜하우어Arthur Schopenhauer(1788~1860)는 말한다.

그러나 니체의 창조의 의지는 '과거의 모든 것'에 대해 "그러나 나 그렇게 되기를 원한다. 나 그렇게 되기를 원하게 될 것이다"라고 말한다. 과거의 모든 일을 구제하고, '모든 과거'를 '내가 원해서 일어난 일'로 재창조하는 것이야말로 구제다. 그런데 누가 의지에게 과거로 되돌아가기를 소망하게 가르쳤을까? 이야기가 이쯤 이르렀을 때 차라투스트라는 갑자기 입을 다물었다. 제자들 눈에 그는 몹시 놀란 사람처럼 보였다고 한다. 영원회귀 사상이 번개처럼 머리를 스치고 지나가자 몸이 얼어붙는듯한 공포에 사로잡힌 것이다.

'긍정의 최고의 방정식'인 영원회귀 사상은 1881년 여름, 스위스의 실바플라나Silvaplana 호숫가를 산책하던 니체를 불현듯 덮쳤다고 한다(니체, 《이 사람을 보라Ecce Homo》 9장 1). 이 사상은 니체의 후기 저작 곳곳에서 드러나지만, 여기서는 니체의 대표작인《차라투스트라는 이렇게 말했다》의 '환영과 수수께끼에 관하여'를 예로 들어 살펴보려 한다.

차라투스트라는 숙적인 '중력의 악령Geist der Schwere'을 등에 업고 높은 산으로 올라간다. 이 악령은 그의 다리를 위축시키고, 그의 뇌수에 납물을 흘려보내며, 그를 심연으로 끌고 들어가려 한다. 그 무게에 맞서 싸우며 차라투스트라, 즉 니체는 한 걸음 한 걸음 높이 올라간다. 그러자 문 하나가 나타난다. 그 순간 그의 몸이 갑자기 가벼워진다. 중력의 악령이 호기심을 이기지 못하고 그의 어깨에서 뛰어내린 것이다. "여기 성문을 보라, 중력의 악령이여!"라고 차라투스트라는 말한다.

> 이 성문은 두 개의 얼굴을 가지고 있다. 두 개의 길이 이곳에서 만난다. 이 길을 끝까지 가본 사람은 아직 아무도 없다.
> 뒤로 난 이 긴 골목길. 이 길은 영원으로 통한다. 그리고 저쪽 밖으로 난 저 긴 골목길. 거기에 또 다른 영원이 있다.
> 그 두 길은 여기서 맞부딪친다. 머리를 맞대고 있는 것이다. 그렇게 여기, 바로 이 성문에서 만나고 있다. 성문 위에 성문의 이름이 쓰여 있다, '순간'이라는.
>
> 니체,《차라투스트라는 이렇게 말했다》3부 '환영과 수수께끼에 관하여'

스위스의 실바플라나 호숫가 © Andrzej Gibasiewicz/shutterstock.com

차라투스트라는 이어서 말한다.

> 여기 순간이라는 성문으로부터 길고 영원한 골목길 하나가 뒤로 내달리고 있다. 우리 뒤에 하나의 영원이 놓여 있는 것이다. (……) 만물 가운데서 달릴 줄 아는 것이라면 이 기나긴 골목길 저쪽으로도 달리지 않을 수 없기 때문이다. (……) 영원한 사물들에 관해

속삭이며 성문에 앉아 있는 나와 너, 우리 모두는 이미 존재했어야 하지 않는가? (……) 그리고 되돌아와 우리 앞에 있는 또 다른 저 골목길, 그 길고도 소름 끼치는 골목길을 달려 나가야 하지 않겠는가? 우리는 영원히 되돌아올 수밖에 없지 않은가?

그리고 달빛 속에서 느릿느릿 기어 다니는 이 거미와 이 달빛 자체, 영원한 사물들에 관해 함께 속삭이며 성문에 앉아 있는 나와 너, 우리 모두는 이미 존재했어야 하지 않는가?

니체, 《차라투스트라는 이렇게 말했다》 3부 '환영과 수수께끼에 관하여'

휘영청 달 밝은 밤의 거미는 존재의 무의미함을 나타내는 미적 표상이라고 해석할 수 있다. 아름다운 존재만 회귀하는 것은 아니다. 갖가지 불합리한 고뇌도, 견디기 힘든 금욕이나 도덕도, 건강과 교양과 아주 적은 쾌락으로 만족하며 행복을 발견했다고 자부하는 '최후의 인간'도, 욕지기를 일으키는 소인배들도 모두 회귀한다.

그때 개가 짖는다. 차라투스트라는 개 짖는 소리를 듣고 기시감을 느낀다. 개가 너무 심하게 울부짖자 젊은 양치기 하나가 괴로워하며 제자리를 맴돈다. 양치기의 입에서 시커멓고 묵직한 뱀이 비어져 나온다. 이렇게까지 참기 힘든 욕지기, 창백한 공포를 차라투스트라는 지금까지 본 적이 없다. 그는 공포와 증오와 연민과 양심과 악의에 번뇌하며 "물어뜯어라, 뱀의 대가리를 물어뜯어라!" 하고 절규한다. 양치기는 차라투스트라의 절규를 듣고 뱀을 물어뜯는다. 그리고 끊어진 뱀의 머리를 멀리 내뱉더니 금세 몸을 바로잡고 우뚝 선다. 그는 더 이상 양치기가 아니었다. 인간도 아니었다. 빛으로 감싸인 존재였다. 그는 소리 높여 웃었다.

아무리 역겨운 존재라도 회귀한다면 영원회귀를 깨닫고 웃을 수 있다. 이 찰나의 웃음을 위해서라면 영원회귀는 견딜만한 가치가 있다. 《차라투스트라는 이렇게 말했다》의 마지막 장면에서 더없이 추악한 인물이 이렇게 말한다.

> 이 하루로 나는 난생처음 내가 살아온 전 생애에 만족하게 되었다. (……) 이 하루, 차라투스트라와 함께 벌인 이 축제가 나를 깨우쳐 이 세계를 사랑하게 만들었으니, 그것이 바로 삶이었던가? 나, 죽음을 향해 말하련다. 좋다! 그렇다면 한 번 더!
>
> 니체, 《차라투스트라는 이렇게 말했다》 4부 '밤 산책자의 노래'

바야흐로 세계는 성숙하고 행복에 차 죽음을 간구한다. 그곳에는 영원의 향기, 한밤중의 임종의 행복의 냄새가 피어난다. 영원회귀에 따르면, 죽음은 곧 생이고, 자정은 정오이며, 고통은 쾌락이고, 현자는 우인愚人이며, 모든 것은 서로 사슬로 얽혀 있기 때문이다. 영원회귀는 자아 동일이 붕괴한 광기의 세계다. 1889년 1월, 정신착란을 일으킨 니체는 작곡가인 리하르트 바그너Richard Wagner의 아내이자 프란츠 리스트Franz Liszt의 딸이었던 코지마 바그너Cosima

Wagner에게 이렇게 썼다.

"나는 한때 인도에서 부처였고, 그리스에서는 디오니소스였다. 알렉산더도 시저도 모두 내 화신이며, 십자가에 매달리기도 했다."

하이데거, 인간의 존재와 존재망각

성당지기의 아들로 태어난 마르틴 하이데거(1889~1976)는 가톨릭 사제가 되기 위해 교육을 받았다. 당연히 신이란 어떤 존재인지는 어려서부터 하이데거의 화두가 될 수밖에 없었다. 하이데거의 문제의식은 그가 신학에서 철학으로 전향한 후 '존재에 대한 물음'을 지속했던 동기로 작용하기도 했다. 그러나 좀 더 근본적으로 들여다보면, 존재에 대한 물음은 그리스 철학이 탄생한 이후, 파르메니데스, 아리스토텔레스, 칸트를 거쳐 유럽 철학의 등줄기를 형성하는 물음이 되어왔다. 하이데거는 이 물음이야말로 갖가지 화두 중에서 가장 근원적이고 심오한 물음이며, 이 물음을 소홀히 한다면 모든 학문이 의미를 상실한다고 주장했다. 그렇다면 존재론에 평생을 바친 하이데거의 독창적인 주장에는 어떤 것들이 있을까?

존재는 태곳적부터 인간의 오랜 화두였다. 그러나 '존재'와 '인간의 이해' 사이에 필연적인 상관관계가 있다는 문제의식에서 출발해 의문을 제기한 사람은 아무도 없었다. 바로 이 부분이 하이데거의 획기적인 독창성이 드러나는 부분이다. 하이데거는 인간에게 '현존재Dasein'라는 기묘한 용어를 부여했다. '현존재'란 '거기에 있다'라는 뜻으로, '인간이 존재Sein로 드러나는 장소Da'라고 풀어 쓸 수 있다.

존재에 관해 명확하게 밝혀진 것은 '인간이 어떠한 존재'에 의존한다는 사실이다. 《존재와 시간》에서 하이데거가 보여준 현존재 분석은 20세기 최고의 철학자라는 이름이 아깝지 않을 정도로 천재적인 '인간 해석학'이지만, 여기서는 그 결론만 간단히 정리해보자. 하이데거는 존재를 증명하기 위해 먼저 세계란 인간과 관계없이 객관적으로 존재하지 않는다는 전제에서 출발한다. 인간은 세계를 이해하기 위해 주변의 사물에 의미를 부여한다. 이 의미가 그에게 곧 세계이며, 그가 세계를 인식하는 의미의 전체성이 바로 세계 그 자체인 것이다. 그래서 세계는 '세계화한다'라고 일컬어진다. 이는 세계가 인간의 투사投射와 함께 생성됨을 뜻한다. 그러므로 세계는 인간과 운명을 같이한다.

그렇다면 세계를 세계화하는 인간은 어떤 존재자일까? 인간이란 '스스로를 초월해 스스로의 존재 방식을 미래로 투사하는 가능적 존재'지만 그 유래와 향방을 '무'에 가로막힌 철저하게 유한한 존재자다. 다시 말해, 인간은 스스로의 내면에 자신의 존재 근거를 갖고 있지 못하다는 의미에서 '빚을 지고 있고, 무력하며, 내던져진' 존재자이며, '갖가지 시도를 하지만 끝내 죽음으로 가도록 규정된' 존재자인 것이다.

그러므로 인간이란 무의 심연 위에 대롱대롱 매달린 존재자다. 인간 존재에 대한 자각이 불안인 것이다. 불안은 인간의 본질에 뿌리내린 정념情念으로, 무언가가 결락된 상태가 아니다. 본디 불안에는 확고한 대상이 없는데, 이는 인간이 본질적으로 무와 직면하고 있기 때문이다. 우리가 자신의 존재 근거의 허무함을 자각할 때, 동시에 세계 역시 무로 '미끄러져 떨어지는' 것이 당연하다. 왜냐하면 세계란 인간의 투사이며, 인간의 기투企投(현재를 초월하여 미래로 자기를 내던지는 실존의 존재 방식_옮긴이)와 불가분의 관계에 있기 때문이다(하이데거, 《형이상학이란 무엇인가?Was ist Mataphysik?》).

하이데거는 자신 이전의 철학은 모두 존재망각의 철학이라고 분명하게 선을 그었다. 존재망각이란 무엇일까? 존재와 존재자의 구별이 불가능한 것, 존재를 존재자라고 생각하는 것이다. 아리스토텔레스도, 그의 사상을 계승한 기독교 신학도 만물의 존재 근거로 신을 최고 존재자로 규정했다. 그러나 '존재자가 있는' 것이지 '존재가 있는' 것은 아니다. '대지가 있다', '농부가 밭에 있다', '산꼭대기에 정적이 있다'와 같은 문장은 모두 각각의 의미를 나타내지만, '있는 것이 있다ist ist'라는 말은 궤변이나 다름없다. 그러므로 존재는 존재하는 것이 아니다.

도대체 '존재(있음)'는 어디에 '존재하는(있는)' 것일까? 우주 끝까지 뒤져봐도 우리는 존재를 찾아낼 수 없다. 우리는 아무리 거대한 존재자라도 만날 수 없다. 따라서 존재자가 아닌 것을 무라고밖에 말할 수 없다면, 존재란 무와 다름없다. 심연은 존재자가 있어야 심연으로 존재할 수 있지만, 심연에 의해 존재자의 존재 가치가 부여된다고 해도 존재자는 심연의 깊이를 헤아릴 길이 없다. 존재는 존재자를 선사함으로써 스스로를 숨긴다. 여기서는 현실과 과거가 필연적인 상관관계 속에 있다.

그렇다면 존재망각은 인간의 과오로 일어나는 현상이 아니라, 그 자체가 존재의 선물이며, 운명인 셈이다. 인간의 본질은 아리스토텔레스 이후 '로고스를 가진 동물'로 정의되어 왔다. 인간은 언어를 사용해 세계를 형성한다. 언어를 말함으로써 세계를 출현시키는 것이 인간의 본질적 사명인 것이다.

그러나 로고스는 존재를 존재자로 출현시킴으로써 존재 자체를 은닉한다. 로고스가 인간의 이해의 산물인 이상, 인간의 자기합리화의 오염을 결코 피할 수 없다(하이데거, 《이정표 2Wegmarken》 '근거의 본질에 관하여'). 존재자의 존재 근거를 가리키는 로고스는 아낙시만드로스에게는 '아페이론', 플라톤에게는 '이데아', 아리스토텔레스에게는 '에네르게이아Energeia', 칸트에게는 '초월론적 통각(통각統覺이라는 개념은 고트프리트 빌헬름 라이프니츠Gottfried Wilhelm Leibniz가 지각의 반성적 의식이라는 의미에서 최초로 사용했으며, 칸트는 심리적인 자기의식으로서의 경험적 통각과 경험적 인식을 가능케 하는 기능으로서의 초월론적 통각을 구별했다_옮긴이)', 니체에게는 '힘에 대한 의지'로 각각 다르게 나타났지만, 각각이 '존재의 퇴거epochê(退去)'를 가리키는 존재의 역사인 것이다. 그렇다면 인간은 결코 존재망각에서 벗어날 길이 없으리라. 그러나 세계를 출현시킴으로써 존재가 항상 스스로를 은닉하는 사태를 깨달을지 깨닫지 못할지가 화두로 남는다.

'발현론', 존재와 인간의 근원적 공속성

'Ereignis'란 일반적인 독일어로는 '사건'을 의미한다. 이 단어를 요즘 말로 옮기면 '생기生起' 정도에 해당하겠지만, 의미가 분명하지 않아 '발현론'이라는 단어를 사용하려 한다. 발현론이란 한마디로 인간과 존재의 '상호 귀속성Zusammengehörigkeit(공속 관계)'을 일컫는다.

물론 인간도 돌이나 나무나 백조처럼 일개 존재자일 뿐이다. 그러나 인간은 사유하는 존재로서 존재를 향해 열린, 존재와의 관계 규정으로 존재에 응답하는 존재라는 두드러진 특징이 있다. 인간은 본래 이 응답의 관계로서 존재한다. 따라서 존재는 그저 인간이 존재의 부름에 응답할 때만 생성되고, 형태를 지속할 수 있다. 이런 의미에서 존재와 인간은 상호 불가분의 관계, 상호 귀속적인 관계인 셈이다. 존재가 존재자로 발현되기 위해서는 인간이라는 '존재의 부름을 들을 수 있는' 장소가 있어야 한다. 한편 인간은 존재의 부름을 들을 수 있는 장소로 존재에 의해 활용됨으로써 인간이라는 존재로서의 사명을 스스로 달성한다. 존재와 인간의 이 근원적 공속성을 발현론이라 한다.

그러나 여기서 한 가지 유의해야 할 점이 있다. 바로 존재와 인간이 애초에 다른 존재이며, 상호 연관되어 있다고 생각해서는 안 된다는 점이다. 하이데거는 "존재는 사유와 더불어 동일한 개체로 귀속하며, 우리가 발현론이라 이름 붙인 공속성은 이 동일한 개체의 본질이다"라고 말했다(하이데거, 《동일성과 차이Identitat und Differenz》). 피시스Physis(자연 또는 자연의 힘, 사물의 본성을 의미한다. 피시스를 탐구할 때 따라야 할 이성적·윤리적 규범을 '로고스'라 할 수 있다_옮긴이)와 로고스, 존재와 사유, 존재와 인간은 이 공속성이 여러 갈래로 나누어진 것과 다름없다.

인간의 사유가 존재의 부름에 호응해 존재자를 출현시킨다. 인간이 존재한다는 것은 이 지상에 사는 것이다. 인간은 다양한 활동을 영위하며 지상에 산다. 밭을 갈고, 가축을 기르고, 물고기를 잡고, 자동차를 운전하고, 컴퓨터를 조작한다. 이 모든 활동이 어떤 의미에서는 존재의 발현이며, 인간의 공적이지만, 시종일관 이런 활동에만 종사하면 '인간의 터전'은 본질을 상실하고 침해당한다.

하이데거는 프리드리히 횔덜린Friedrich Hölderlin(1770~1843)의 시에서 착안해 "시인으로 사는 것이 인간이 지상에서 사는 의미"라고 말했다. 언어를 사용하는 것이 인간의 삶이며, 언어를 한층 무구하고 순수하게 활용하는 사람이 바로 시인이기 때문이다. 그러나 시인의 언어는 양날의 검과 같다. 시인은 존재자가 선사한 언어를 받아 존재를 개시하는 세계를 노래할 수 있지만, 허위의 언어를 이야기해 가상의 세계를 만들어내고, 인간을 존재상실의 미망迷妄으로 밀어 넣을 수도 있기 때문이다. 이 경우, 어떤 언어가 참된 언어이고, 어떤 언어가 삿된 언어, 즉 속임수인지를 판정하는 객관적 기준 따위는 존재하지 않는다.

그렇다면 하이데거가 시인 중의 시인으로 '존재의 신관神官'이라고 숭배했던 횔덜린은 '시인의 삶'에 관해 어떤 말을 남겼을까? 시인은 하늘과 땅을 잇고, 하늘 아래, 땅 위에서 빛나고, 꽃을 피우고, 냄새를 맡고, 솟아오르고, 도래하는 것을 말로 만든다. 그러나 또한 사라지고, 떨어지고, 한탄하고, 침묵하고, 조롱하고, 어두운 것도 노래한다. 인간에게 친근한 사물 중의 무명의 존재가 무명의 존재로서 지켜지기 위해 자신을 보내는 것이다.

시인은 단순히 하늘과 땅의 풍경을 묘사하지 않는다. 시인은 하늘의 밝음과 울림, 땅의 어두움과 침묵을 노래한다. 시인은 이 광경 속에 스스로를 내보임으로써 그야말로 스스로를 은폐하는 자연이라는 존재를 지금 이 순간에 담아두고자 한다. 자연이 눈에 보이는 사물 속에 스스로의 존재를 선물한다는 사실을 깨달을 사람이 시인이며, 그 깨달음을 노래하는 것이 시인의 사명이다.

레비나스, 전체주의와 대학살 극복 모색

엠마누엘 레비나스(1906~1995)는 리투아니아에서 태어난 유대인이다. 나중에 프랑스로 귀화해 프랑스어로 저술 활동을 했지만, 그의 사상적 토양은 유대교에 있다고 보아도 무방하다. 레비나스는 제2차 세계대전에서 살아남았지만, 부모 형제는 모두 나치의 손에 목숨을 잃었다. 레비나스가 스스로 밝힌 바에 따르면, 그는 '박해받기 위해 선택받은 민족'의 한 사람으로, 인간 이하의 취급을 받아온 유대인의 운명과 신앙을 짊어지고 인간의 존재 의무를 고찰하는 삶을 살았다.

레비나스는 20세기를 광기로 몰아넣은 전체주의와 전쟁과 대학살을 극복하려면 어떻게 해야 할지를 모색했다. 그리스에서 기원한 자유(자율)의 윤리, 자아실현의 윤리, 이성의 윤리만으로는 부족하다. 이미 인류는 전쟁을 겪으며 더 이상 수습이 불가능한 나락으로 떨어지지 않았던가? 자아를 기초로 한 윤리는 인간이 살아가기 위해서는 필수 불가결하지만, 그보다 한 차원 높은 곳에서 인간 정신을 뒷받침하는 윤리가 필요하지 않을까? 이러한 의문에 답하기 위해 레비나스는 인간 정신을 뒷받침하는 '신의 흔적으로서의 타자'라는 충격적인 사상을 제시했다.

전체란 무엇일까? 전체에 대한 경험이란 쉽게 말해, 무언가가

'여차여차해서 이렇게 된 것 이상의 것이 아니다'라는 경험이다. 조금 더 간단히 말한다면, '이것이 전부다'라는 경험이다. 예를 들어, 자동차는 자동차 이상의 것도, 이하의 것도 아니다. 건물도, 비행기도, 세상 모든 사물도 다 마찬가지다.

그렇다면 자기동일성이란 무엇일까? 이는 우리가 사물을 사물로 인식했다는 말과 다름없다. 인식이란 어떠한 대상을 일정한 보편 개념으로 파악했음을 뜻한다. 다시 말해, 틀에 넣는다는 말이다. 세계를 이해하기 위해 우리는 갖가지 보편 개념으로 정리, 통합하고, 이리저리 뻗은 개념의 의미 사이에 질서를 부여한다. 그에 따라 우리는 모든 존재자를 자아 속으로 갈무리하려 한다. 이 갈무리 작업으로 우리는 인식한 대상을 개체화한다. 인식한 사물이 설령 몇억 만 년 너머의 성운일지라도 인식한 이상 그것은 우리의 인식 속으로 수용된다. 따라서 어떠한 형태로든 우리에게 이용되어 우리의 도구가 될 가능성 속에 놓여 있는 셈이다.

레비나스는 유럽 철학은 그리스가 머릿돌을 놓은 이후 근본적으로 무신론이었다고 주장했다. 그 이유는 유럽 철학이 진리의 기준을 이성에 두는 철학이기 때문이다. 이성은 인식할 수 없는 것, 즉 근본적으로 자아와 이질적인 대상을 인정하지 않는다. 이성이란 동화의 힘이고, 전체화의 힘이며, 자아를 관철하는 힘이기 때문이다.

그런데 이 전체화의 태도는 사실 관철할 수 없는 것이다. 이를 위해서는 타인과 맞부딪쳐야 하기 때문이다. 타인과 직면했을 때 우리는 마치 찬물을 뒤집어쓴 듯 무언의 부정과 조우하고, 안락한 자기만족의 둥지에서 끌려 나온다. 우리의 세계가 완결되지 않았음을 타인의 존재가 알려주는 것이다. 물론 내 생각대로 되지 않는 타인을 이런저런 폭력을 행사해 배제하고 말살할 수도 있다. 그러나 살인은 전체화를 완성하는 행위가 아니라, 오히려 전체화가 불가능하다는 증거로 작용한다.

이 대목에서 '무한無限'의 경험이 나타난다. 무한의 경험이란 무언가가 '항상 내가 알고 있는 이상의 것, 내가 판단하고 향유하고 이용할 수 있는 이상의 것, 내가 활용할 수 있는 범주 안에 들어 있지 않은 것이다'라는 경험이다. 그런데 타인은 늘 나의 지성을 넘어선 존재, 내가 파악할 수 있는 범위를 벗어난 존재, 내 기대를 배신하는 존재, 나를 부정하려는 존재다. 그런 의미에서 타인은 무한하다.

구구절절 고개가 끄덕여지는 주장이다. 그렇다면 나는 타인을 샅샅이 관찰하고, 조사하고, 음미하고, 타인의 용모, 경력, 출신, 능력, 사회관계 등 모든 것을 손에 넣을 수 있을까? 철저한 관찰과 조사로 타인을 판단하고 나에게 익숙한 범주 안으로 수렴하려고 할 때, 타인은 범주를 벗어난 곳에서 다시 등장한다. 이와 같은 여러 현상적 성질, 능력, 관계는 타인의 허물에 지나지 않으며, 타인은 항상 허물 뒤로 후퇴한다. 타인은 현상으로서 나타날 수밖에 없지만, 등장과 동시에 현상에서 멀어진다. 이것이 무한하다는 말이 의미하는 것이다.

'무한'이란 '유한한 현상을 겉으로 드러낸다'라는 의미다. 끝이 있는 것, 유한한 것, 형태가 있는 것은 이성이 파악할 수 있는 범주에 들어가지만, 그 범위를 넘어서는 것에는 이성이 대처하지 못한다. 레비나스는 이를 '초월transcendance', '부재absence' 또는 '절대absolu'라고 부른다.

초월이란 '타인이 나보다 위에 있다'라는 의미고, 부재란 '타인은 항상 떠나간다'라는 뜻이며, 절대란 '타인은 나와 분리되어 있다absolu'라는 의미다. 나와 타인 사이에는 넘을 수 없는 심연이 빼끔 입을 벌리고 있다. 만약 심연이 없다면, 다시 말해 내가 타인을 파악할 수 있다면, 더 이상 타인으로 존재할 수 없다. 내가 파악할 수 있는 대상은 모두 나에게 통합되고, 나의 일부가 되기 때문이다. 그러므로 타인은 타인인 이상, 나에게서 분리된 존재, 즉 '절대'가 되어야 한다.

보답을 바라지 않는 선의

우리는 무한한 타자와 어떤 관계를 맺을 수 있을까? 무한하고 초월적인 타인과 직면할 때, 나는 나의 부당함을 인식하고, 나의 자유를 부끄러워한다. 자유란 근본적으로 자의恣意이며 살인의 능력이지만, 무한히 높은 사람에게 내가 그런 능력을 가진다는 것 자체가 근본적인 월권행위에 해당한다. 나는 타인과 결코 대등한 지평에 설 수 없다. 레비나스는 이를 '나와 타인의 불균형' 또는 '나와 타인이 있는 공간의 굴절'이라고 말한다. 타인은 물리적인 힘으로 나를 저지하지 않는다. 타인은 살아 있는 존재로서의 나의 소박한 권리, 빛나는 자유, 자아실현, 존재 욕구에 의문을 제기한다.

그렇다면 나보다 높은 차원의 존재와 나는 어떤 관계를 맺을 수 있을까? 나는 그저 높은 존재의 의지에 따라 주어진 삶을 살 뿐이다. 나보다 높은 차원의 존재에게는 일방적으로 선의를 바치는 관계만 가능하다. 만약 내가 타인에게 나의 선의의 보답을 요구한다면, 그것은 타인을 내 안으로 끌어들이려는 에고이즘egoism의 변용된 형태에 지나지 않으며, 그 자체가 지배 관계가 되어 타인과의 관계를 파괴하기 때문이다. 타인이 내게 건넬 선의는 그저 두 손 모아 기도하며 기다릴 수 있을 뿐이다.

레비나스는 유대교 신자였지만, 근원이 동일한 종교인 기독교의 성서, 그중에서도 예수가 산 위에서 한 말에서 근거를 인용했다.

> 너희가 만일 선대하는 자만을 선대하면 칭찬받을 것이 무엇이냐.
> 죄인들도 이렇게 하느니라.
>
> 〈누가복음〉 6장 33절

예수의 말을 풀어 설명하면, 선한 행위란 본질적으로 일방통행이어야 한다는 뜻이다. 그러나 이에 앞서 놀라운 전제가 나온다. 즉, 선한 행위란 일방통행이 아닌 망은忘恩을 전제로 해야 한다는 이야기다.

> 그러나 너희 듣는 자에게 내가 이르노니 너희 원수를 사랑하며 너희를 미워하는 자를 선대하며 너희를 저주하는 자를 위하여 축복하며 너희를 모욕하는 자를 위하여 기도하라.
> 너의 이 뺨을 치는 자에게 저 뺨도 돌려 대며 네 겉옷을 빼앗는 자에게 속옷도 거절하지 말라.
> 네게 구하는 자에게 주며 네 것을 가져가는 자에게 다시 달라 하지 말며 남에게 대접을 받고자 하는 대로 너희도 남을 대접하라.
> 너희가 만일 너희를 사랑하는 자만을 사랑하면 칭찬받을 것이 무엇이냐. 죄인들도 사랑하는 자는 사랑하느니라.
> 너희가 만일 선대하는 자만을 선대하면 칭찬받을 것이 무엇이냐.

죄인들도 이렇게 하느니라.

너희가 받기를 바라고 사람들에게 꾸어주면 칭찬받을 것이 무엇이냐. 죄인들도 그만큼 받고자 하여 죄인에게 꾸어주느니라.

오직 너희는 원수를 사랑하고 선대하며 아무것도 바라지 말고 꾸어주라. 그리하면 너희 상이 클 것이요 또 지극히 높으신 이의 아들이 되리니 그는 은혜를 모르는 자와 악한 자에게도 인자하시니라.

〈누가복음〉 6장 27~35절

사실 원수를 사랑하라는 예수의 말은 지나치게 감성에 호소한 나머지, 약자의 마조히즘masochism으로 들리기도 한다. 이스라엘은 몇백 년에 걸쳐 앗수르, 바벨론, 페르시아, 마케도니아, 그리고 로마의 군단에 유린당했고, 예수 생존 당시에도 갈릴리 지방의 반란을 진압한 로마군은 본보기를 보여주기 위해 갈릴리인을 2,000명이나 십자가에 매달았다. 예수는 로마군에게 처참하게 짓밟히고 도륙당한 갈릴리 지방에서 '원수를 사랑하라'라고 가르쳤던 셈이다. "도저히 불가능한 일이다. 내 부모와 자식, 형제자매를 죽이고 조국을 짓밟은 자들을 사랑하라니…… 우리는 자유의 전사다"라고 갈릴리 사람들은 항변했으리라. 이에 대해 레비나스도 '선행이란 나 자신에게 환원되지 않는 업', '자기 행위의 결말을 보는 것을 단념하는 행위', '내가 없는 시간을 위해 존재하는 것' 등의 표현으로 예수의 말과 마찬가지 입장을 표명한다.

레비나스는 하이데거를 의식해 인간의 삶의 의미가 '존재를 노래하는 것'이 아니라고 발언하기도 했다. 레비나스는 인간은 '존재 너머의 것', '존재보다 더 선한 것', 즉 '선'을 추구하기 위해 이 세상에 보내진 존재라고 역설한다. 선이란 궁극적으로는 타인을 위해 내 존재 욕구를 포기하는 것, 즉 벗을 위해 목숨을 바치는 것을 말한다. 그것이 레비나스가 '성성sainteté(聖性)'이라고 부른 개념이다. 성성이 이 세상에서 찬연한 빛을 내뿜게 하기 위해 인간은 태어난 것이다.

책임과 연대, 인간을 완성하는 가치

타인은 무한히 높은 절대자다. 그러나 동시에 타인은 '절체절명의 위기에 빠진 약자'이며, '나를 고독 속에 내버려두지 말아달라고 탄원하는 자'다. 누가 우수한 인간인지는 얼굴에 드러나지만, 이 얼굴은 위엄과 화장의 장막을 그대로 내비치며 나약한 민얼굴을 노출한다. 얼굴은 모두 도와달라고 외치고 있다. 이 외침을 만나는 것이 타인과 만난다는 것이다.

타인과의 조우는 내 기호에 맞는 사람, 내 상황에 맞는 사람, 내 마음에 드는 사람과 만나는 것이 아니다. 그런 사람과의 만남은 그저 자신과 만나는 것과 다름없다. 나를 확대하는 것에 지나지 않는다. 우연히 만난 사람, 도움을 바라는 사람, 문득 꽁무니를 빼고 도망치고 싶어지는 사람, 얽히고 싶지 않은 사람에게 다가가는 것이 타인과 만난다는 의미다.

이러한 이야기가 그 유명한 '착한 사마리아인'의 비유에 등장한다(〈누가복음〉 10장). 인간이 지켜야 할 단 하나의 율법은 '하나님과 이웃을 사랑하는 것'이라는 가르침에 율법교사가 "내 이웃이 누구니이까?"라고 반문하자, 예수는 이렇게 말한다.

강도에게 당해 빈사 상태로 길가에 버려진 유대인의 곁을 고매한 제사장과 율법에 정통한 레위인이 지나갔지만, 그들은 다친 유대인을 못 본척했다. 뒤를 이어 유대인에게 차별받고 멸시당하던 사마리아인이 그의 곁을 지나갔다. 사마리아인은 그를 보고 다가가 극진히 돌보아주었다.

우연히 만난 도움이 필요한 사람, 상처 입은 사람, 죽어가는 사람에게 주저하지 않고 다가가는 것, 이것이 타인을 만난다는 의미이며, 책임을 진다는 의미다. 책임이란 내가 선택하는 것이 아니다. 책임에서 벗어나려고 해도 나에게 지워지는 것이다. 레비나스는 인간의 실체적인 자기동일성을 인정하지 않았다. 인간의 자기동일성, 즉 요즘 유행하는 말로 바꾸면 '인간의 유일무이함'이란 고통을 겪는 타인을 만났을 때 뒷걸음치지 않고 그 고통을 함께 짊어짐으로써, 책임을 지고 함께 짐을 나누어 짐으로써 완성된다. 그 이외에 인간의 '유일무이함' 따위는 존재하지 않는다.

그렇다면 왜 우리는 피 한 방울 섞이지 않은 남을 위해 기꺼이 불편을 감수해야 할까? 레비나스는 이러한 물음에 "비록 우리가 기억 속에서 끄집어낼 수는 없지만, 우리는 기억 속의 그 시간에서 타인과 연대되어 있기 때문이다"라고 답한다. 다시 말해, 인간은 신에 의해 무에서 창조된 존재로, 질료가 아닌 타인에 의해 연대되어 있기 때문이라는 말이다. 인간의 최초의 살인, 즉 카인이 아우 아벨을 죽였을 때, 하나님의 꾸짖음에 카인은 "내가 내 아우를 지키는 자니이까?" 하고 되레 역정을 냈다고 성서는 기록한다. 이 연대의 단절이 살인의 시초인 셈이다. 홀로코스트는 히틀러가 이끈 나치 독일이 저지른 죄로 현대를 사는 우리에게는 책임이 없다고 생각할 수도 있겠지만, 인간으로 태어난 이상 우리는 타인과의 연대 속에서 비로소 인간이라는 존재로서의 가치를 갖기 때문에 우리 역시 아우슈비츠Auschwitz 수용소나 난징 대학살에 책임이 있다는 논리가 성립한다.

레비나스는 신은 실체적인 존재라고 생각하지 않았다. 그에게 신이라는 단어가 갖는 의미는 인간의 선한 행위 그 자체였다. 인간의 내면에서 선한 행위를 촉발하는 숨결이 불어오는데, 이 숨결을 레비나스는 'psychisme(숨결과 영혼의 합성어로, '의식의 삶', '정신의 삶'을 의미한다_옮긴이)'이라는 기묘한 조어로 표현했다. 이 숨결, 영이 바로 신이다. 인간의 외부에 영이 존재하고, 그것이 인간을 움직인다고 생각해서는 안 된다. 인간의 외부에는 아무것도 없다. 인간은 스스로 자신의 내면에서 불어오는 선의 숨결에 고무되어 선한 행위를 해야 한다. 그때 신의 영광이 드러날 것이다.

옮긴이의 글

철학의 바다에서 헤엄치는 방법

대학 시절, 학기 수업을 시작할 때마다 비장한 목소리로 "철학이란 무엇인가?"라고 외치며 강의를 시작하는 교수님이 계셨다. 학생을 무작위로 지목해서 질문을 하셨기 때문에 가능한 한 눈에 띄지 않으려고 머리를 푹 숙이고 열심히 책을 보는척하곤 했다. 운 없이 지목을 받으면 '빛을 찾는 학문'이라거나 '지혜를 연구하는 학문' 같은, 책에 나오는 모범답안처럼 보이는 문구를 영혼 없는 기계처럼 읊조려 교수님의 못마땅한 시선을 감내해야 했다. 덤으로 교수님의 구박까지…….

물론 속으로는 '철학이 뭔지 모르니까 비싼 등록금 내고 배우러

왔죠!'라고 따져 묻고 싶은 마음이 굴뚝같았지만, 학점을 결정하는 지엄하신 교수님의 권위에 감히 대적하지 못해 항의하고 싶은 마음을 속으로만 삭였던 기억이 난다. 사실 그 학기 수업을 다 듣고도 '철학이란 무엇인가?'라는 질문에 딱 부러진 답을 내지 못했고, 어영부영 세월이 흘러 지금에 이르렀다.

그런 내게 《유럽 사상사 산책》이라는 책을 검토하고 번역해달라는 제안이 들어왔다. 처음에는 그리스 비극 같은 운명의 장난에 헛웃음이 나왔다. 나는 그리스 비극에 등장하는 영웅도 아니건만, 어찌 신이 내게 이런 시련을 주신단 말인가……. 그 시절, 교수님의 질문을 피하기 좋은 명당을 찾아 함께 고민하던 친구에게 푸념을 늘어놓았다. 질문을 받을까 두려워 일부러 눈에 띄지 않는 구석자리, 덩치가 커서 나를 가려줄 수 있는 학생 뒤에 숨어서 수업 시간 내내 가슴을 졸이곤 했던 기억이 다시금 떠올랐다. 교수님 눈에 띄지 않으려면 무채색이 아닌 옷은 절대 수업 시간에 입고 가지 말자는 우리끼리의 불문율도 있을 정도였는데, 그런 내게 서양철학이라니, 말 그대로 운명의 아이러니였다.

그런데 답답한 마음으로 책을 한 장 두 장 넘기던 내게 기적이 일어났다. 쉬지 않고 끝까지 서양철학 책을 읽어낸 것이다. 그것도 중간중간 고개를 끄덕이고 미소를 지어가며 말이다.

이 책을 옮기는 내내 "철학이란 무엇인가?" 하고 묻던 교수님의 쩌렁쩌렁한 호통이 귓전을 맴돌았다. 그때는 대답하지 못했지만, 적어도 이 책을 읽고 난 지금은 대답할 수 있다. 물론 '서양철학'이라는 전제가 붙지만 말이다. 어쨌든 철학이 무엇인지 그 시절보다는 제대로 된 대답을 해 교수님의 불호령을 모면할 수 있을 것 같다. 칭찬은 받지 못해도 적어도 혼은 나지 않으리라는 약간의 자신감이 생겼다.

끝까지 책을 읽고 나니 안타까움을 넘어 억울한 생각이 들었다. 이 책을 진작 읽었더라면 철학 수업 시간이 그렇게 고통스럽지 않았을 텐데…….

인문학 열풍이라는 말이 나돌 정도로 어느 날 갑자기 인문학에 관심을 가지는 사람이 많아졌다. 그래서인지 인문학 중의 인문학이라는 철학에 관심을 보이는 사람도 제법 눈에 띈다. 그런데 처음에는 의욕적으로 덤비던 사람들이 대부분 책 세 권을 넘기지 못하고 인문학이나 철학은 어렵고 따분하다며 고개를 설레설레 내젓는다. 수업 시간에 교수님의 질문을 피하기 위해 바들바들 떨던 나와 마찬가지다.

하지만 이제는 알 수 있다. 철학이라는 큰 바다에 준비운동 없이 뛰어들어서는 안 된다. 철학은 얼음장같이 찬 물로 인간의 이성을 일깨우는 바다와 같다. 그 물에 준비운동도 없이 펄쩍 뛰어들면 경기를 일으키는 게 당연하다. 수영장을 왕복할 수 있을 정도의 수영

실력을 갖추고 충분히 준비운동을 한 후에 발부터 천천히 담그는 게 맞는 방법이다.

철학이라는 바다에서 익사하지 않고 유유히 헤엄치고 싶다면 먼저 이 책을 읽기 바란다. 이 책은 일본에서 철학 분야의 스테디셀러로 오랜 세월 사랑받아 왔다. 즉, 철학의 바다에 입수하기 전에 안전을 확보해줄 검증된 안전장치인 셈이다. 수많은 일본 독자가 이 책을 읽고 안전하게 철학의 바다에서 헤엄칠 수 있었다고 증언한다.

어푸어푸 물을 마시고 숨이 꼴깍꼴깍 넘어가는 고통을 굳이 맛볼 필요는 없지 않은가? 안전하고 즐겁게 철학의 바다에서 헤엄치고 싶은 이들에게 이 책을 추천한다. 분명 당신도 저자와 함께 철학의 주춧돌을 하나하나 놓고, 기둥을 세우고, 대들보를 올리는 즐거움을 맛본 후, 안전하게 철학의 바다에서 헤엄치는 방법을 터득할 수 있을 것이다.

서수지

찾아보기

조선시대 홍문관은 옥같이 귀한 사람과 글이 있는 곳이라 하여 옥당玉堂이라 불렸습니다.
도서출판 옥당은 옥 같은 글로 세상에 이로운 책을 만들고자 합니다.

유럽 사상사 산책

지은이 이와타 야스오
옮긴이 서수지

1판 1쇄 인쇄 2014년 3월 17일
1판 1쇄 발행 2014년 3월 27일

발행처 도서출판 옥당
발행인 신은영

등록번호 제300-2008-26호
등록일자 2008년 1월 18일

주소 경기도 고양시 일산동구 무궁화로 11 한라밀라트 B동 215호
전화 (02)722-6826 팩스 (031)911-6486

홈페이지 www.okdangbooks.com
이메일 coolsey@okdangbooks.com

값은 표지에 있습니다.

ISBN 978-89-93952-52-0 03100

이 도서의 국립중앙도서관 출판시도서목록(CIP)은
서지정보유통지원시스템 홈페이지(http://seoji.nl.go.kr)와
국가자료공동목록시스템(http://www.nl.go.kr/kolisnet)에서 이용하실 수 있습니다.
(CIP제어번호: CIP2013024152)